从0到1学做私域流量

蔡余杰◎著

中国纺织出版社有限公司

内 容 提 要

生意的本质是流量，但自从2019年以来人们可以明显地感觉到流量正在变得越来越贵，这主要是因为以前被人们用惯的公域流量衰退了，流量红利的盛宴已经结束，流量开始进入深耕细作的时代。

于是，私域流量应运而生，成为这个时代的商业趋势和变革出口，一些提前建构私域流量的企业正在收割让人难以想象的新的红利。

如何构建私域流量正是本书讲述的主要内容，本书便对私域流量做了全面的剖析，并且对大量技巧、方法分步讲解，手把手教大家搭建私域流量，做好私域流量。

图书在版编目（CIP）数据

从0到1学做私域流量 / 蔡余杰著. --北京：中国纺织出版社有限公司，2021.6

ISBN 978-7-5180-8504-0

Ⅰ. ①从… Ⅱ. ①蔡… Ⅲ. ①网络营销 Ⅳ. ①F713.365.2

中国版本图书馆CIP数据核字（2021）第083248号

策划编辑：史　岩　　责任编辑：陈　芳

责任校对：寇晨晨　　责任印制：储志伟

中国纺织出版社有限公司出版发行

地址：北京市朝阳区百子湾东里A407号楼　邮政编码：100124

销售电话：010—67004422　传真：010—87155801

http：//www.c–textilep.com

中国纺织出版社天猫旗舰店

官方微博 http://weibo.com/2119887771

天津千鹤文化传播有限公司　各地新华书店经销

2021年6月第1版第1次印刷

开本：710×1000　1/16　印张：12

字数：150千字　定价：55.00元

前言

2019年以后，私域流量突然火了。

虽然，私域流量并不是一个新事物（以前它只是不叫这个名称而已），但是，它在互联网进入下半场，流量从增量变为存量的过程中，却显示出非常特别的意义。

众所周知，现在一些公域流量的红利已经消耗殆尽，商家、企业的获客成本一天比一天高，大批品牌在淘宝等平台上花式地搞促销、打折，做足了功夫，但成效似乎也并不明显。

在这种情况下，个业、商家逐渐意识到，那些公域平台中的流量自己实在不好把控，既然如此，那何不将这些公域中的流量引入私域中来呢？这便是私域流量。

私域流量是一种真正能够掌控的流量池。企业、商家可以在想触达的时候就触达，运营得当，用户就可以多次转化和复购。这不正是突破公域流量红利消失的最佳途径吗？

事实上，一些先行者已经在转型后收到了实实在在的成效。

例如2020年年初，我们都知道那场在全球暴发的新冠病毒疫情。疫情率先在中国发难，2020年2月，疫情导致中国零售行业损失超过1万亿元，这几乎接近中国2019年社会消费总额的5%。在疫情冲击下，大批线下店铺关门歇业，企业、商家不仅没有收入，还要支出租金、员工工资等。

知名品牌太平鸟就是如此。但太平鸟迅速做出了调整，让企业员工用微信、企业自建社群等方式连接消费者，成功构建起了自己的私域流量池，再通过微信小程序、直播等形式进行销售转化。结果，太平鸟大部分原来歇业的门店都有了销售，日均销售额达到800万元，而这其中还有20%是新客户的贡献。

通过私域流量完成自救的远不止太平鸟一家。

通过梳理私域流量从2019年至今的发展我们就可以看出，私域流量是互联网流量变为存量时代的最好打法，私域流量是线下实体经济受到冲击的最佳突破口，私域流量是新创企业迅速崛起的不二法则。

不过，话说回来，私域流量进入大众视野的时间还不长，很多人对它并不了解，比较常见的解读就是，私域流量就是微信号或抖音号，而私域流量的运营就是加粉、发布内容，如此周而复始。实际上，私域流量的学问比这要多得多，如果不能很好地掌握私域流量的引流、运营、裂变等方法，精心打造各个环节，盲目地去建构私域流量，最终的结果只会适得其反。

私域流量是一套完整的方法论，值得每一家企业、商家，每一个卖货的个人认真学习。笔者写作这本书的初衷，就是希望它能切实给需要私域流量的人们带来价值。

在这本书中，我们不仅从宏观层面对私域流量及私域流量池做了界定，并且揭示了它们的本质，同时基于方法论介绍，提供了大量行之有效的技巧和方法，以及丰富的实操指南，帮助读者通过本书直观感知操作方法。

我们衷心希望通过本书，在这个流量焦虑的时代，所有的生意人都可以不再焦虑。

蔡余杰

2021年3月

目录

第八章

私域流量中用户的裂变

第九章

私域流量中用户裂变的实战技巧

第十章

谁都适合做私域流量吗

第十一章

私域流量经典案例分享

第一章
公域流量消退，私域流量崛起

如果说前些年，互联网上经历了流量的野蛮增长，那么从 2019 年开始，流量便已经呈现出了从增量变为存量的现实。以前，公域平台如淘宝、百度等收割了流量增长的红利，而现在，再用这种方式明显已经难以为继。在这种情况下，我们便不得不从存量中去谋发展，于是，谁能经营得好私域，谁就有了互联网下半场的话语权。

正在消失的流量红利

曾几何时，各大企业将抢占流量增量看成自己企业营收的主要突破口。因为在过去，高速增长的网民数量背后，就是一股股让所有企业眼红的“流量红利”。

流量红利的前提是流量增量。流量，在网络中一般指一定时间内打开网站地址的人气访问量，或是APP的用户活跃度。从这里可以看出，流量是由网民这个群体带来的。虽然前些年，随着互联网和移动互联网的普及，网民数量有过爆发式增长的时候。但毕竟人口数量是有上限的，当网民数量达到饱和以后，企业想要获取流量增量就变得越来越艰难，随之而来的就是流量红利的消退。

本来，在企业的眼中，流量增量是能变现的，也就是所谓的流量红利。因为一家企业在获取了足够的流量以后，就可以通过广告、线上营销等各种手段引导其中一部分流量进行消费转化，也就是吸引一部分网民访客，让他们关注自己并实现消费，从而获得一定的收入。在网民数量急剧增长的时代，这股流量红利是很显著的。因为网民数量在增长，企业或商家获取流量的途径就相应轻松，有了流量，企业或商家后续要做的就是想办法促进消费就行了。

其实，流量红利消退并不是一个新现象，它在几年前就已经有了苗头。从网民的发展趋势来看，无论互联网还是移动互联网，最先被普及的必然是一线城市的人群。而这些一线城市的人在互联网使用习惯固定以后，那些主要针对一线城市网民展开的 APP 或企业就难以再获得新的用户流量了。因此可以说，这部分 APP 或企业是第一批感觉流量红利消失的“集体”。

再后来，三、四线城市人群或农村人群成为 APP 或企业获取流量的新出口。可是今天，就连这些最后的流量红利阵地也在逐渐消失。

我们以京东为例，京东的模式为自营和第三方电商，在城市流量红利显著的时候，它的布局主要在一线城市，而三、四线城市或农村因为地处偏远，物流艰难，当地人即便想在京东上买东西也不能实现。后来，一线城市的流量增长放缓以后，京东不得不将突破口放在了这些原本偏远的地方，开始通过渠道下沉，获取新的用户，当然这也符合三、四线城市及农村人群的期望。然而，现在农村的用户群体也日趋饱和，京东的流量增长空间也受到挤压，只好从其他渠道来寻找突破。

通过一些大的互联网平台的情况我们也可以窥见流量红利结束的端倪。以微博为例，整个 2018 年，微博的月活、日活环比都没什么大的增长。尽管微博的净利润从 2016 年第一季度的 1600 万美元到 2018 年第一季度的 1.13 亿美元，看似翻了 7 倍多，但仔细梳理我们可以发现，其增速正变得越来越缓慢。这其实正是流量红利已经到了一个“瓶颈”期的体现。

回过头再看一看智能手机的出货量，也能印证这一说法。2019 年前 10 个月，各大手机企业的智能手机出货量几乎都出现了不同程度的下滑。以前的智能手机市场，一个季度的出货量都在1亿台以上，而现在一个季度的出货量仅在8000万~9000万台，这也从一个侧面反映了智能手机的渗透率已日趋饱和。

更直接的报告则显示，中国移动互联网活跃用户已经达到11亿左右，而中国的总人口也不过在14亿左右，网民活跃群体已经达到中国总人口的近80%，而这还仅是活跃的网民群体数量。

其实，之所以有流量红利，就是因为有网民群体的持续增长，企业可以想尽办法抢夺新增用户，并在这些新增用户中享受到好处。也就是说，在增量的时代，我们就很容易从中收获红利。这就比如家电，很多年以前，大家家里都没有家电。后来，随着收入的增加，大家都有能力购买家电了，于是用电需求用户急速增长，这时候，家电企业只要能生产出来家电，就不担心卖不掉，因为有增长红利在那。之前的流量红利也是这个道理。

然而，现在网民群体已趋于饱和，流量增量时代渐成过去式，那这时候再想要挖掘流量红利已经不太可能了。而企业的打法，当然也必须寻求一番改变了。

越来越难变现的公域流量

在互联网中，有一句令各大企业耳熟能详的话，叫作“得流量者得天下”。的确，任何企业想要玩转互联网，就必须先有流量。

流量对于互联网企业而言，就相当于人流量对于线下门店一样重要。一家线下门店，是开在人流量多的地方更赚钱呢，还是开在没什么人流的地方更赚钱？答案不言而喻，肯定是人流量越大，门店的生意才会越兴隆，盈利能力才会越强。流量对于互联网企业同样如此。

以前，人们一说到流量，必然会说到百度、淘宝和各种各样的资讯、视频平台、门户网站等，这些平台的特点是不区分用户人群，谁来了都能看，这就是公域流量。公域流量平台一般通过用户搜索优化、花费推广和活动促销这些方式来获客和促进交易。在流量增量时代，一批公域流量平台抓住“风口”，迅速做大，如今不少已经成了各自所在行业中的“寡头”。而一些依靠公域流量平台操作的企业或商家也感受到了这股流量红利的春风，过得颇为滋润。

然而，时移事易，在公域流量平台进入“垄断化”阶段，企业或商家本身的竞争日趋激烈且流量增量不再时，企业或商家在公域流量中的获客成本就变得越来越高昂。笔者一位做了 10 多年广告投放的在线教育者的朋友就曾透露，百度关键词的竞价排名，在过去十几年中竟然上涨了十几倍。36 氪也曾做过报道，说一位自媒体创业者在广点通投放广告，2019 年和 2016 年相比，成本变成了过去的 3 ~ 5 倍。

不仅如此，面对疲软的增长困境，企业或商家也很难从高昂的公域流量中精准触及自己的用户。通俗点说，就是马太效应凸显，企业或商家变现已经越来越困难。

我们以淘宝的中小卖家为例。最早的一批卖家约在 2008 年前后进入淘宝，而当时正是流量增幅最显著的时候，网民群体急速增长，这批卖家可以说是“躺着挣钱”，赚得盆满钵满。但是，随着网络逐渐发展，网络购物逐渐普及，越来越多的卖家开始进驻淘宝。而与此同时，淘宝的新增用户却在放缓。粥多僧少的情况变为僧多粥少，能够分到中小店铺的流量锐减，于是很多中小卖家开始陷入流量困局，流量变现越来越难。

这就好比一条街道，居民数基本固定，以前街道上只有几家店，店面生意自然兴隆，而现在呢，街道上突然新开出几十家店，大家不得不“分摊”固定的居民数，自然各门店赚钱就比以前困难许多了。

与流量增长放缓相应的是，互联网用户的行为习惯也在发生改变。以前人们看网络内容，是来者不拒，什么都看，而随着网络内容的极大丰富，用户对于网络内容也开始进入一个自主选择期，他们不再什么内容都看，而是只选择自己感兴趣的或是自己有好感的来看、来关注。用户们对于中小企业的营销、推送也是如此，如果他们不喜欢，或是中小企业的打法无法吸引他们，那他们就不会投入太多精力在这些企业上面。

举个例子，在流量增量和用户行为还在探索期的时代，可能一些中小企业只做一次聚划算，就会带来不错的销量增长和会员的沉淀，而现在呢，则可能做几次几十次聚划算，也带不来什么增长和会员沉淀。

从这些事实中我们也可以看出，在互联网行业被巨头垄断以后，之前那种吸粉增量变现的打法对中小企业或商家来说已经难以为继。因为“江湖格局”已经形成，巨头们的流量已经很难撼动，而且新增流量又已不再。这时候，如何从互联网江湖的流量存量中找到突破口，就成了中小企业或商家们不得不严肃思考的问题。

私域流量崛起

在流量从增量变成存量以后，公域流量变现越来越难，私域流量就成了企业或商家们争夺的另一片高地。

私域流量是相对于公域流量而言的。私域流量，顾名思义就是私人拥有的流量，主要指个人或品牌自己拥有、可以控制且能多次重复免费利用的流量。微信个人号、微信公众号、微信群及小程序、微博、QQ 群的流量都可以看作私域流量。

我们从这些私域流量载体中就可以看出，私域流量大多具有社交互动属性。这也符合当下社群经济的特征。社群，就是基于一个点，把一些需求和爱好都相同的人聚合在一起的组织。随着互联网的发展，网络社群开始大行其道。个人或品牌自己拥有的一个私域流量，也就相当于是个人或品牌自己搭建的一个社群，是一种相对封闭的信任流量。

其实，私域流量就好比传统企业中的一部分“老客户”群体。这部分老客户对企业或商家的产品或服务有着依赖性，对企业也有一定的忠诚度，是企业需要重点照顾的群体。维护好了他们，就能显著提高他们的复购率，甚至产生裂变，吸引新的“粉丝”。

因为私域流量有着社交互动的属性，因此它直接改变了企业或商家产出内容的方向。以前公域流量中，由于来访流量各种人群都有，企业或商家不会过多地对产出内容做精细化处理。而私域流量就不一样了，在一个社群中，企业或商家聚合的就是自己从广大人群中细分出来的精准用户，要维护好这部分用户，产出内容就需要迎合这部分用户的口味，需要有针对性地生产内容，以期最终实现社交变现。

虽然私域流量是最近才火起来的“名词”，但其实它并不是一个新概念，其形式在很早之前就有。在社交媒体还没有普及的时候，企业或商家或企业会对自己掌握的用户个人信息，通过打电话、发短信、发邮件等形式同这些个人信息的主人联系。而这些个人信息就约等于私域流量。

只不过，以前的用户接收信息是被动的，而现在私域流量的用户是主动的。私域流量的用户会根据自己的个性化需求来看待企业或商家生产的内容、提供的产品或服务，合则“粉”，不合则去，也就是他们是人格化的用户，是有血有肉有情感的用户。但这部分用户对企业或商家而言又至关重要，因此需要企业或商家着力维护。尽管在私域流量中，企业或商家要比在公域流量中更费心，显然，它获得的效果比公域流量更实惠，更有效，用户复购率也更高。

例如一家服装电商的私域流量。当它有新产品推出时，它可能需要发布新视频或用直播的方式来和用户互动，分享产品细节，帮助粉丝“种草”，接着要不断变换产品照片，给用户持续的新鲜感，并与粉丝互动。经过一段时间的运营，粉丝群体积累起来以后，企业或商家则可能通过预热、限时折扣、优惠券等形式调动粉丝热情，吸引粉丝对产品的持续关注。产品推出以后，企业或商家还可能积极关注用户

的反馈，维护与粉丝的关系，提升粉丝的购买体验。

从这里我们也可以看，私域流量和公域流量的一个很大不同是，公域流量是流量思维，而私域流量是用户思维。在“用户为王”“粉丝经济”的当下，显然私域流量是最有优势的企业或商家变现的突破口。

私域流量池和公域流量池

无论是私域流量还是公域流量，都有自己的流量池。流量池，我们可以将它理解为存储流量的池子。我们要想有流量，首先就要有一个流量池。

前面我们讲到了私域流量和公域流量的区别。对于私域流量池和公域流量池而言，其区别也是非常显著的。私域流量池的载体形式可以是微信个人号、公众号、微博、QQ 群等，它有三个主要特征，即为自己所有、可以反复触达、可以免费使用。公域流量池的载体形式则是百度、淘宝、京东等互联网巨头提供的平台，其特征是用户是流量，但它们只是流过而已，并不为自己所有，而且这些流量需要企业或商家去买，而且越来越贵。

从这里可以看到，私域流量池其实是一个比较稳固的流量池，受外界干扰比较少，只要你将用户维护得好，他们就不容易流失，而且还可能为你带来新用户注入流量池，所以私域流量池的水量不容易减少，而且可能越蓄越多。但公域流量池就不一样了，公域流量池因为流量不活动，在池里停留时间很难长久，因此也很难蓄水。再者，这些水都需要企业或商家掏钱（付给百度、淘宝、京东等平台），还很难实现转化。

这样一对比就很清楚了，私域流量相对封闭，而在封闭的市场中，用户就可以集中管理，企业或商家与用户的关系也可以变得更加紧密，从而提高用户的忠诚度。而公域流量池是开放的，而越是开放的市场，用户越难控制，用户数据的获取也更难。

例如微信个人号。现在将用户导入微信个人号的成本几乎没有，这就不存在公域流量的一些流量成本。而且微信个人号是一个相对封闭的系统，企业或商家可以在这个系统中和用户进行一对一的交流沟通，并且通过朋友圈的内容达到“种草”的目的，从而取得用户的信任，提高用户的忠诚度。

当然，私域流量池的水也有流失的可能，因此企业或商家要特别关注这个“池子”，就是要特别注意“养”用户，老用户“养”得好，有了口碑，这些老用户就可以持续为你介绍新用户，让你的私域流量池越来越大。

在私域流量中，谁都希望自己的流量池越大越好。这就好比太阳系，一缕一缕的阳光就是流量，它们总量固定，也就是流量存量固定。而要想获得更多的存量流量，将自己的体积变大，也就是将流量池变大，才是最好的途径。

私域流量池还可以延伸出更高的收入。我们还是以微信个人号为例，微信个人号中的用户都是和自己有一定关系的人，在企业或商家的运作中，这部分用户的复购率自然会提高。再者，在一些公域流量

池中，因为开放的环境，用户更愿意对比，也更愿意接受低价的产品，企业或商家的毛利率自然被压低。而在微信个人号中，只要和用户关系维护得好，用户忠诚度高，企业或商家就更可能销售毛利率高的产品，这就变相地提高了客单价，延伸出了更高的收入。

私域流量池的核心指标

任何一种事物，都需要有具体的量化指标来衡量，因为不能量化，我们就无法对这种事物进行改进，同时，有一个正确的指标体系，也能使这种事物的运转不至于偏离正确的“航向”，私域流量池也不例外。

我们首先要明确的是，私域流量池的作用是流量转换，是要通过更便捷和更低成本的触达及运营模式来让一定量的流量转化为更多的收入。但是我们要明确的是，私域流量池不是用来获取流量的，至少不是它的关键所在，获取流量还是要发力于流量导入口，例如直播入口、短视频入口、淘宝店铺入口、线下导流等。如果企业或商家只是把希望寄托在通过私域流量池的裂变去获得更多流量的话，这就走偏了，毕竟，那些没有转化验证的流量是很难评价的。

在业界，私域流量池有一个 ARARR 业务模型（见图 1–1），这里的 AARRR 是 Acquisition、Activation、Retention、Revenue、Refer，这 5 个英文单词的缩写分别对应用户生命周期中的 5 个重要环节。其具体模型如下图所示。

从这个 AARRR 业务模型中我们可以看出，对于不管是否已经成交的转化流量进行再次激活、留存和传播才是私域流量池的核心价值。

于是，我们可以分析出私域流量池的核心指标，一个是 *CAC*（用户获取成本），一个是 *CLV*（流量收益），它们共同决定着企业或商家的 *ROI*（投资回报率）。其公式为 *ROI* = *CLV*/*CAC*。

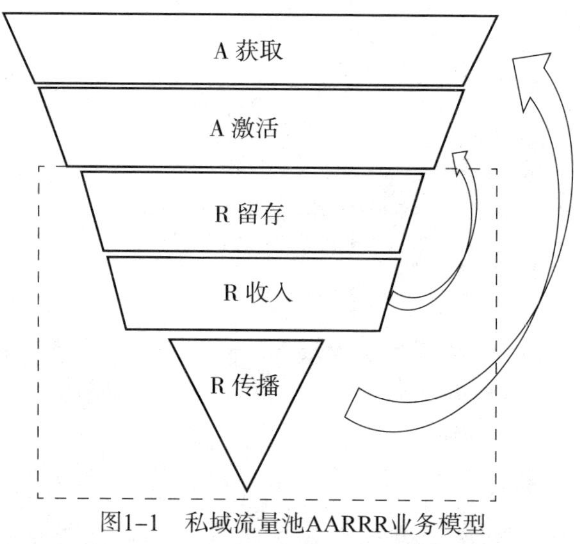

图1-1　私域流量池AARRR业务模型

其中，*CAC* 表征流量成本，也即平均获客成本，即流量支出费用（*C*）与获得的实际用户数（*M*）的比值，公式为 *CAC* = *C*/*M*。

而 *CLV* 表征的是用户的长期价值，即销售收入（*R*）与获得的实际用户数（*M*）的比值，公式为 *CLV* = *R*/*M*。

从以上公式中可以看出，企业或商家如能提高自己的 *CLV*，或者降低自己的 *CAC*，就能显著提高自己的 *ROI*。

CLV 因为表征的是用户的长期价值，是一个周期上的数值，它受到客单价、转化率、用户生命周期、用户生命周期内可转化次数、自

传播率的影响，其公式又可近似计算为 $CLV = P \times r \times T \times N \times (1+K)$。其中，$P$ 为客单价，r 为转化率、T 为用户生命周期、N 为用户生命周期内可转换次数，如每年转化 N 次、K 是传播系数，企业或商家如能够提升 r、T、N、K，就能相应地提高自己的 CLV。

而企业或商家想要降低自己的 CAC，关键就是让自己的私域流量池有低价的导入渠道。例如抖音运营早期，还没有广告和购物车的时候，大部分企业或商家可以直接通过添加用户微信的方式导流，这样的成本就很低。

因此，我们要搭建私域流量池，就一定要注意它的两个核心指标，根据自己的实际情况掌握有效的操作技巧，来提高 CLV，或者是降低 CAC，而这些实际的操作技巧，我们也将在后面的章节中一一论述。

第二章
赢下私域流量，才是企业或商家的王道

除一些特殊的行业外，构建私域流量对所有生意人而言都是一堂必修课。从本质上来说，建构私域流量也是一次商业变革，它能颠覆我们以前很多传统的打法，让我们走向成本更低、流量更可控、更容易重塑品牌的康庄之路。互联网的下半场，其实就是一场私域流量的角逐，谁能够跑在前头，谁就能够更早地收获红利。

私域流量让营销成本更为低廉

如果不是私域流量的崛起，广大企业或商家大有可能被越来越高昂的营销成本“榨干”。

拿购买流量来说，现在随着线上竞争日趋激烈，*CPM*（每千人次曝光）已经卖得越来越贵。2013 年时，淘宝的获客成本还是 30 元 / 人，而到了 2017 年，这一数字已经蹿升至 250 元 / 人。2018 年时，以阿里、京东为代表的传统电商平台的获客成本已经超过了 300 元 / 人。

也许对于企业或商家而言，最大的难题就是需要反复地投入营销成本来购买流量，希望获取用户了吧。在公域流量中，用户购买了商品以后，企业或商家并不会和用户产生主动的“连接”。例如，淘宝买家在完成第一次购买以后，企业或商家如果想要再次触达用户，就会发现这些用户其实根本不在自己手中，用户已经回到平台，成了淘宝用户。

虽然卖家可以在店铺中看到客户的电话、地址等信息，但是想要再次触达用户，主动与用户联系仍然是非常困难的，常见的也就是发发短信，可短信则通常会让用户熟视无睹，或是直接删掉。

另外，电商都会采用刷单的方式，但刷单的成本也很高昂。一般刷单一次需要 20 元左右，刷得越多成本越高，这对每个企业或商家而言都是不小的支出。更何况刷单还是一剂“毒药”，有时辛辛苦苦刷起

来的数据，平台说封就封了，企业或商家连申诉的机会都没有。

而搭建私域流量池就不一样了。想一想，如果淘宝卖家的每一个购买客户都加了卖家的微信，甚至还在微信群，就不一样了。这样，企业或商家就可以长期经营用户，发的每一条朋友圈都可以触达用户，甚至还可以通过一对一的私聊来和用户沟通，为用户释疑解惑，当企业或商家和用户有了“交情”，有了信任基础以后，他们就不仅会自己购买，还可能会介绍亲朋好友来购买，不仅营销成本大大降低了，也避免了流量焦虑和经营难题的烦恼。

线下的企业或商家也是一样，以前线下企业或商家都是坐等顾客上门，顾客买完就走了，没有后续的连接。但加了微信，企业或商家就可以主动联系用户，通过更新朋友圈、群发等方式来曝光。而如果没有做连接，这些可都是需要企业或商家投入成本的。

以餐馆企业为例。现在餐饮业的公域流量首推美团和饿了么，但这两个平台的流量转化成本都较高而且有着不确定性。再加上美团、饿了么两大平台上的企业或商家竞争激烈，大部分交易额都贡献给了两大平台的头部品牌企业或商家，中小型企业或商家的营销成本打水漂的概率非常高。

这时候，如果中小型企业或商家构建了自己的“私域流量池”，就不再需要在美团、饿了么两大平台上砸钱引流了。例如，企业或商家可以生成自己的二维码，企业或商家老板和员工把这个二维码分享到自己的朋友圈或者微信群，利用自己的社交资源免费给餐厅引流，不仅成本降了很多，而且可以通过做好内容营销，讲好自己的故事，从而获取源源不断的新增用户，把增量变成存量，从而构建一个品牌价值不断上升的闭环系统。

再举个例子。

有一个电商企业花了1年时间在自己的15个个人微信号中添加了3万名客户，又雇了2个员工来维护，一个客服，一个负责写文案发内容。只要有新品推出，企业或商家就会发朋友圈，在微信群进行宣传，节假日也会加班加点地给老客户发促销信息。这样一年下来就节省了近20万元的刷单费用。而且，更重要的是，企业或商家的这种私域流量池还给他贡献了超过500万元的销售额。

其实这还是小规模的，一些网红的私域流量池产生的销售额更大。

所以，在流量成本越来越高昂的时候，构建私域流量池，将成为降低营销成本的最佳渠道。现在的微信、微博等私域流量平台还是免费的，有了私域流量池，企业或商家就相当于有了免费的推广渠道，可以直接把信息推广给用户，这可比以前的打广告、现在的购买流量、刷单的成本低廉多了。

私域流量让流量更加可控

做生意，本质就是流量。私域流量之所以优于公域流量，很重要的一点就是它解决了流量的所有权和使用权的归属问题。

以前我们用公域流量，那是只有使用权，没有“控制”权的，用完了就走。例如百度，假设它有一亿用户，但是这一亿用户和企业或商家是没有什么关系的，也不存在长期的联系。

但是如果我们把百度的一些用户导入自己的平台，那就等于是我们自己的用户，我们可以针对这批用户开展一系列的营销和服务，做成更大、更持久的生意。

真正的流量其实是“留量”。只有留下来的流量才是可控的流量，才是真的流量。而每一个流量的背后都是鲜活的人，每个私域流量池就好比是一个社群，企业或商家就是这个社群的群主，可以对群成员进行引导和管理，让群成员对自己产生更多的信任感和依赖感。

一个私域流量池就好比是企业或商家的私人地盘，它可以是微信个人号、微信公众号、微信朋友圈、微博、社群、头条号、抖音号、快手号等，这个流量池里聚集的是企业或商家的粉丝，或者是企业或商家的客户与潜在客户。

俗语讲“我的地盘我做主”，私域流量在经营上就有信息随时触达、销售形式多样、长期持续有效等优点。

1. 信息随时触达

以微信为例。有统计数据显示，在 2018 年，平均每个微信用户每天都要打开朋友圈 7 次以上。针对如此高的使用频次，经营者就可以根据用户的使用习惯，随时向用户传递自己的品牌信息，触达自己的用户。企业或商家也可以每天“栏目化”地发布信息，让用户形成固定的信息接收习惯。例如，每天在固定的时间组织活动，吸引用户参与；又或者每天在固定的时间给用户的朋友圈点赞和评论，获得和用户对话的机会。作为“群主”，企业或商家只要在不骚扰用户，不滥用信息的前提下，就可以随时随性发布信息或是和用户对话。

2. 销售形式多样

通常，私域流量池中的用户精准度都很高，经营者便可以采用灵活多变的销售形式与用户对接。既可以是一对一零售的形式，也可以利用各社交媒体平台的功能做批发、秒杀、团购等销售活动。这样不仅可以维护好和用户的社交关系，还可能激活单个的用户重复购买，甚至利用一些平台（如微信）便捷的社交推荐功能，让老用户推荐新用户，产生裂变，完成以老带新的转介绍。

3. 长期持续有效

通常，只要用户进入了企业或商家的私域流量池并与企业或商家形成了一对一的社交关系，这样的关系就不是短期的，而是能够长期持续存在的，只要企业或商家经营得好，还会随着时间的推移让双方的关系变得越来越牢固。

有一家餐饮企业，以前不懂得私域流量的概念，经营方式是常见的“坐等顾客上门”，或者是通过良好的菜品服务激发顾客成为回头客。在这里，企业或商家是“被动”的，除了提高菜品质量，他没有其他方法改变用户的到店习惯。

后来，店长以自己的名义开了一个微信号。开始的两个月，他让到店的客人都加他的微信号，只要有添加，就送客人一些小菜或是给客人打八折。慢慢地，店长就积累了不少老客户。

之后，只要店里有上新，做活动，店长就会在微信群里发布信息。

同时，他还搞了个VIP客户群，通过群里预订可以优先有座，还多送一个菜。同时，他还偶尔搞个新品试菜活动，邀请用户到店享用。

这样一来二去，到店的用户越来越多，其中大部分都是微信群老用户或是微信群用户推荐的新用户。

所以，社交媒体平台下的兴起，让企业或商家不再对来来往往的流量大发感叹“如何才能留住流量”“如何才能引导消费”了。只要我们建立自己的“鱼塘”，经营好私域流量池，这一个个的流量就是可控的流量。

私域流量给了企业或商家深入用户的可能

中国互联网界自从移动社交媒体出现以后，企业或商家和用户的沟通时效就呈几何级数增长。以前，企业或商家要和用户沟通，了解用户需求通常只能通过电话、短信、邮件等形式，而且效果很不好。例如，电话沟通，如非用户主动，企业或商家就需要求对方，对方才可能跟你聊上几句。

现在，企业或商家只要发个微信朋友圈，或是拍个抖音短视频，就能让用户主动找上门来，而且还能随时随地和用户沟通。营销从以前的“打500个电话，30个有反应”变成了“有500个好友，与50个经常有互动”，从“每次打电话没说几句就挂了”变成“时间灵活，天南地北随便聊，聊天形式多种多样”。

私域流量和我们以前的通信录是不同的，私域流量具有典型的人格特征，不论是企业或商家还是每个用户背后，都是一个有情感的人。其实，私域流量的崛起也代表着商业领域流量思维到用户思维的一个转变。

企业或商家要想生意“蒸蒸日上”，让用户觉得你是懂他、真心对他好的人必不可少。私域流量便捷的沟通机制以及各社交媒体良好的功能属性都正好达成了这一点诉求。

我们以著名的美酒视频博主“醉鹅娘”为例，看看她是怎么让自己的内容深入触达用户的。

“醉鹅娘”的公众号，虽然阅读量只有几千，微博粉丝也只有一百万，但她这些用户都是通过她“专业、系统、有趣、免费的红酒相关问题解决方案，包括如何点酒、如何品酒、如何选酒等”积累起来的，而且基本上是铁杆粉丝，她本人也实现了年销 2500 万元的成绩。

“醉鹅娘”的内容，通常是以视频形式呈现，定位是“用所有人都听得懂的方式来讲红酒”。因为她将目标用户瞄准了国内红酒消费群体中的“小白”。她知道，对于那些中高端红酒消费群体，其实他们已经很了解怎么选红酒、品红酒了，对于他们来说，无论自己的内容有多么通俗易懂，都不能带给他们新鲜感，而对于小白用户就不一样了，他们大多是年轻的城市小白领，以前对红酒只有浅层了解，平常也不太会去购买。但他们有购买力，且有上升空间，就像信用卡企业或商家会将大学生看成用户一样。

要激起他们的消费欲，通俗易懂的内容是最能直达他们需求的。因为她可以通过她的内容消除小白用户一直以来对红酒“价高且难以接近”的误解，接着再耐心地对这部分用户进行“教育”和“转化”，大量年轻白领就是这样被她带进“红酒购买”大军中的。

“醉鹅娘”的成功，其实不在于她在红酒业有多专业，而是在于她的文章，是揣摩着用户心思去写的，她的产品，是洞察用户需求去设计的，她的运营，是顺应人性的角度去实践的。深入触达用户，用户相信你，愿意看你的信息，知道你真心关心他，觉得你是一个懂他的人，而不是一个冷血的机器。

所以其实，私域流量也可以理解为“品牌或个人所拥有的，可以自由控制、多次利用的，免费且能够直接触达用户的流量”。

私域流量更有助于重塑品牌

品牌对企业的重要性不言而喻。品牌是一个在消费者心中，通过认知、体验、信任、感受来建立关系，并且占有一席之地的、切身感受的总和。品牌能够刺激消费者的购买欲，同时它也能建立消费者对企业的一种忠诚度。

现在在中国的市场中，没法建立品牌的企业，其商品力就很弱。而那些消费者耳熟能详的品牌，如伊利、腾讯，其代表企业都是行业中的巨头。

当然，如何建立品牌是一门复杂的学问，绝不仅是企业或商家通过一些产品就能塑造得了的。企业还需要在产品体验、企业文化、员工服务上下功夫。企业要塑造品牌，就是要利用消费者能够接受的一些因素，来增加消费者对这个品牌的情感凝结。也就是说，品牌一定是能让消费者感受得到的信任的、有温度的商品符号。

企业或商家搭建好私域流量池以后，企业或商家可以和用户一对一沟通，用户可以近距离地感受到企业或商家的服务态度。同时，因为在私域流量池中，用户之间可以随意地交流，一个用户也可以从其他用户那里获得对该品牌的认知，这样就会形成一定的叠加效应。这就比以前的企业单纯地以产品销售的形式来建立品牌的速度要快得多了。

回首小米品牌建立的过程，我们就能发现“私域流量池”在其中起到了巨大的作用。

小米创立于2010年，那些年还没有私域流量池的概念，但是小米创建的MIUI系统（见图2-1）实际上就是一个不折不扣的私域流量池。

刚做MIUI系统时，小米就提出要建立一个10万人互联网研发团队的疯狂想法。为了达成这个目标，小米充分发挥了群众的力量。当时，只有20人的小米MIUI系统团队设计了一个“橙色星期五”的互联网开发模式。

每周五的下午，MIUI 团队就会把自己的一些成熟的或不成熟的想法坦诚地公布在用户面前。然后，在接下来的周二让用户提交使用后的体验报告。这获得了用户的广泛参与。到后来，每期都有十多万用户参与，通过这些报告，小米搜集到了用户最直接的产品意见，汇总出了用户最喜欢的功能。当然，这 10 多万用户也成了小米的私域流量，他们再广泛传播，小米的品牌“瞬间”就被放大了千倍百倍。

所以，2013 年，小米手机刚一发售时，朋友圈、微博中到处都是求 F 码的人。那场景，一个 F 码可以说比抢一张春运火车票都难。

图2-1　小米MIUI系统效果

这就是粉丝之间叠加的品牌效应，其展现的力度是以前的任何商业场景都无法想象的。现在，一个品牌能够聚集起一群人，一群人聚在一起又能创造出一个品牌。私域流量的出现，就等于是给了企业或商家一个重塑品牌的机会，只要我们能留存用户，给用户植入更多的记忆，我们就能形成一个品牌，并无限放大这个品牌势能。

私域流量的正确打开方式

在现在这个流量变“留量”的时代，构建私域流量成为每个企业的必修课，但如何才能打造一个标准的私域流量池呢？这就需要我们注意私域流量的正确打开方式了。

1. 用户数字化

无论什么时候，用户的每一次购买都会为我们留下一些数据，如用户的性别、年龄、职业与身份、热衷于什么样的产品等。对于这些数据我们绝不能漠视。因为这些信息就等于是企业的鱼塘，通过分析这些数据，商家可以轻易地做出用户需求预测，并对自己的商业决策和基准营销提供依据。

在私域流量池中，我们还可以根据用户数据将用户细分归类，贴上标签，这能进一步指导我们进行私域的布局。

获得用户数据的方法有很多，线下有面对面调研，线上用户的每一次对官网、公众号、APP 的访问，都会留下数据。但是，这些只是浅层数据，要提升数据质量，我们还需要借助数据中台这样的营销技术，这些技术可以帮助我们打通各种数据之间的壁垒。

据喜茶官方透露，截至 2019 年 12 月 31 日，喜茶已坐拥会员

2199 万。这宠大的会员数量就是喜茶的私域流量池。喜茶可以从中提取大量数据，从而对这些数据进行整合分析，实现精准管理，做出有效的商业决策。

例如，通过数据分析，喜茶发现“00 后”中有 41.8% 的人选择正常糖，而“80 后”则希望少糖，只有 17.1% 的人选择正常糖，于是喜茶率先将低卡甜菊糖（用以替代蔗糖，降低糖分含量）引入了茶饮业，给消费者提供了一个糖的新选择。

另外，数据也可以支持喜茶自动化的营销应用。喜茶会根据用户打开小程序的定位，自动为他们匹配最近的门店，然后再根据门店的情况，将最热销的品种推荐给顾客，并且实施灵活的折扣策略，做到千人千面营销。

所以，用户数字化是打造私域流量的基础。如果一个商家不懂得运用大数据小数据，不懂得其中的运作原理，就必然会使发展停滞，处处受制于人，失去立足之本。

2. 品牌 IP 化

私域流量的一个核心，就是和用户达成一对一的亲密关系。在用户的维系上，企业首先要做好人设，即 IP。品牌 IP 化才有利于聚集私域流量。

以微信为例，因为微信对好友数量的限制，我们不可能用一个微信号加上全部用户，有时我们不得不运营几十、几百个微信号，或者是每个员工用一个微信号。这里，一个企业所有的微信号就需要有一个统一的人设，例如完美日记的所有微信号都是一个虚拟女性 IP“小完子”。

3. 线上线下一体化

从 2018 年以来，很多线下店铺获客成本逐渐增高，2020 年的新冠疫情更是让线下店铺遭遇更大的打击。在这种情况下，有些企业就陷入了“重线上，轻线下”的误区。但实际上，若非遇上大疫情这样的特殊时期，我们都应线上线下一体化发展。线下场景中，“人”发挥着重要的作用，走入门店的顾客，导购接触的消费者都是企业的线下私域流量，这些流量就为我们在线下沉淀品牌资产营造了很好的条件。

百果园做私域流量时，不只是集中于线上，而是把线下的生意放到线上来一起做。据统计，百果园在全国有约 4500 家门店，有会员 5400 万人，遍布全国的 70 多个城市。从中我们就可以看出，百果园线下门店的流量才是它的核心流量。

为此，百果园会第一时间引导线下到店的客户加入社群、关注公众号，之后便经常向用户推送活动信息，最终让这些流量转化、复购。同时，他还以小程序为载体，开始用线上带动线下。百果园的“线上下单，线下自取”，也让线上线下流量实现了互通。

4. 渠道多元化

一家企业构建了私域流量池以后并不是结束，我们要意识到，如果我们的私域流量池没有源源不断的新流量涌入，这个流量池就会越来越封闭。这种私域流量池被商家收割几次以后，一定会失去活性，变为弱社交关系。因此，企业要将渠道铺开，要方便用户看到自己、找到自己。也就是我们的渠道要多元化，社群平台、社交平台、自己搭建 APP、自建小程序都是比较好的渠道。其中，用 APP/ 小程序建立自己的私域流量池，甚至可以说是企业必须完成的一个动作。

第三章 私域流量的载体

私域流量能给商家带来便利和实效，但我们也要知道，私域流量的构建必须依托一些载体，这些载体就是现在蓬勃发展的社交媒体平台。不同的平台有着不同的特点，我们要根据自己的特性，选择合适的平台，或单独，或综合使用。

微信个人号

如果说私域流量是一个“鱼塘”，那微信个人号就是“鱼塘”之一，微信个人号粉丝就是这个“鱼塘”中大大小小的“游鱼”。

众所周知，微信有着十多亿用户，中国几乎人人都玩微信，每个人都有一个微信个人号，微信个人号中数量不等的粉丝又形成每个人的朋友圈。

1. 利用微信个人号打造私域流量的优点

（1）信任性。微信主打的是熟人社交。微信个人号中的人，和我们本身有着信任关系。而现在的营销，信任可谓是比黄金都要珍贵的东西。现在做生意，无论是卖白菜还是卖珠宝，企业或商家都需要和客户有一定的信任关系。如果没有信任，企业或商家就没有稳定且长期的客户。朋友圈中的熟人网络，这种信任可比其他社交平台要稳固得多。

（2）精准性。微信个人号的朋友圈功能，让我们在发布信息时，可以单独操作让某些人可见，让某些人不可见，这就使得我们的信息更能够精准送达我们想要被看到的人群，实现精准营销。这其实也是移动互联网“圈层”的一个表现。朋友圈不会因为企业或商家的推送打扰客户，用户只要刷朋友圈，就有可能看到我们推送的商品信息，简单、方便又高效，可以说是一种小而美的营销了。

（3）私密性。一个微信个人号在整个微信用户群中其实就相当于是一个小单间，企业或商家可以在其中静心营销，而不用担心被圈层外的人窥探。

（4）聚集性。微信个人号其实可以吸引线上线下的一切流量。只要方法得当，企业或商家就可以把公域流量，例如淘宝、百度、今日头条等的用户导入微信，也可以将一些私域流量平台，例如微博粉丝、抖音粉丝、实体店会员导入微信。由此可见，微信个人号就好比一个流量的最终入口，具有强烈的聚集性。这些流量汇聚在微信个人号以后，就自动形成了私域流量池，企业或商家即可以此为基础进行多种营销活动。

（5）裂变性。微信个人号中的粉丝是可以裂变的。运营者和用户成为好友，只代表企业或商家的运营才刚刚开始，之后，企业或商家可以通过一系列的社交互动，和用户建立强关系、强连接，当用户体验达到一定程度或者是在运营者一定的奖励机制刺激下，用户就会帮助运营者传播信息，从而吸引自己的好友加入，完成以老带新的社交裂变。

（6）进步性。我们利用微信个人号打造私域流量，企业或商家所面对的就不会是一个个冷冰的数字，而是一个个有情感的人。这就体现了从以前关注流量到关注人的进步。运营者可以利用微信个人号来与用户重构关系，产生互动，互惠互利，让关系创造品牌价值，加固强信任关系。

2. 微信个人号私域流量池的经营特点

利用微信个人号作为私域流量池，在经营上也具有人性化、可信任、可复制、可扩展等特点。

（1）人性化。在微信个人号中，企业或商家和用户可以一对一地交往，大家通常都是先做朋友再做生意，先有交情再有交易。另外，企业或商家也可以根据用户的特点，因人而异地制定一些差异化的经营策略，为不同的微信好友提供不同的个性化的服务。

（2）可信任。在微信个人号中，企业或商家和用户是一种长期的连接关系，信任是用户购买企业或商家产品的重要基点。因为用户可以通过和企业或商家的联系、朋友的介绍或是查看企业或商家的信息内容获得感知，由此产生信任并带来购买行为。当用户对企业或商家有了信任背书以后，还会主动推荐自己的亲朋好友来参与购买，这种信任推荐的用户的商业价值更高。

（3）可复制。用微信个人号打造私域流量池可以看作一种特别的企业行为，绝对不能抱着小打小闹的态度来做。有的人可能会担心微信个人号最多只能加 5000 个好友的限制，实际上没有必要，企业或商家完全可以运营多个微信个人号。从很多企业或商家的运营情况来看，他们大多运营着 10 ~ 50 个微信个人号。

（4）可扩展。在微信个人号中售卖商品，经营者可以随时根据需要调整自己的经营范围，扩展自己的经营品类。当你的粉丝极度信任你这个人时，你售卖什么他们都会埋单的。这就好比那些明星的粉丝，无论他们代言什么，粉丝都会埋单一样。

微信公众号

微信公众号，任何企业或商家和个人都可以创建。对企业或商家而言，微信公众号实现了信息通知、用户连接和用户管理的功能。在公众号中，企业或商家可以与用户充分互动。微信设置公众号，初衷也是让众多的企业、机构有一个平台去与庞大的微信用户群体产生连接。

微信公众号有三种类型，分别是：服务号、企业号、订阅号。

（1）服务号。主要是帮助企业为个人用户提供服务，以此增加用户对企业的信任度。服务号一个月可以推送 4 条图文消息。服务号可以去微信官网申请，填写相关信息即可。

（2）企业号。主要是为企业提供的移动应用入口，可以帮助企业建立员工、上下游供应链、企业 IT 系统的连接。企业号可以实现企业内部生产、管理、协作、运营的移动化。

（3）订阅号。主要为用户提供信息和咨询，以此与用户建立黏性关系。订阅号每天可以推送 1 条图文消息。同样，订阅号可以去微信官网申请，填写相关信息即可。

显然，企业号只适合企业进行内部管理。很多中小微企业在借助微信公众号开展营销活动时，采用的是“1 个服务号 +1 个订阅号”双管齐下的模式。

但是，我们要注意的是微信公众号不是一个纯粹的营销工具，它的最大价值是提供最能体现企业价值的东西。

1. 提供有忠诚度和活跃度的用户

在微信中，从来没有公众号的订阅数排行榜，原因在于微信认为，对企业而言，用户的数量不是最重要的，用户的质量才是最重要的。这也很符合企业的销售需求。微信公众号作为一个内容输出平台，目的就是为企业积聚用户，累积粉丝。对于内容的输出数量，其实不是越多越好，如果仅是为了推送内容就发送一些没有什么价值的信息只会适得其反。有数据显示，公众号发送的内容越频繁，用户流失越快，因为用户被骚扰了。所以，在内容输出方面，需要企业找到有忠诚度和活跃度的用户，并且牢牢抓住他们。

2. 为用户提供有价值的信息

上面我们已经讲到，公众号的内容不可太频繁，关键是既能保证用户不被骚扰又能让用户感觉有用。因此微信公众号其实不在于大小，而在于有没有价值，有时就算我们很久才发一条信息，但只要那条信息对用户而言是非常有用的，用户就不会将其删除，而是会对其产生依赖。相对而言，一些好玩、有趣又极符合用户口味的内容会非常受用户欢迎。

3. 用户管理

从某种意义上来说，微信公众号就是一个 CRM（客户关系管理）。每个订阅的用户，都会自动形成一个数据库。企业可以自行管理这个数据库。微信公众号本身也提供了一些用户管理、资料查阅的功能，企业或商家就要合理利用这些功能，为找到自己的目标用户打基础。

4. 市场调查

企业或商家可以在微信公众号中设计一些调查问卷，再通过抽奖平台设置一些奖励，就可以吸引用户参与，以此了解用户的意见和观点，以利于后期商品或服务的改进。这比传统的企业或商家在线下一个一个地找消费者做调查方便多了。

5. 多向交流

企业或商家可以通过微信公众号主动向用户推送有用、有趣的内容，或者是表达自己的观点，或者是策划一些活动，用户则可以关注商家的公众号，阅读公众号信息，并在评论区进行评论，或是在朋友圈进行转发、分享。同时，商家也可以随时对用户的评论进行回复。

除了这种双向交流以外，企业或商家还可以利用微信公众号二维码，将其附在自己的签名档、微博中，或者是打印出来粘贴在企业或门店显眼的地方，任何人都可以扫码关注。由此可见，微信其实很好地模糊了网络与现实的边界，利用一个公众号二维码，用户就可以关注商家，参与商家的活动，也就是一种多向交流。

6. 类短信平台

利用公众号发送信息的特点有点像短信的群发，因此可以说微信公众号是一个类短信平台，它可以发送的内容可能比短信还要丰富得多。

从运营的层面来讲，微信公众号能做的就是订阅沟通、用户管理、服务定制（见图 3–1）。订阅沟通就是消息的发送回复，用户管理则提供分组、资料、素材库等管理，服务定制即进行会员卡绑定、提供企业 CRM。

订阅沟通	用户管理	服务定制
· 有序的群发消息 · 单聊会话消息 · 自定义消息回复	· 用户分组管理 · 用户资料、消息查看与回复 · 自定义消息回复	· 会员卡绑定 · 企业 CRM · 软硬件交互 · 在线支付 · ……

图 3–1　微信公众号功能

订阅沟通、用户管理很好理解，而最后一点——服务定制才是重点。

微信公众号底部有一个自定义菜单，企业或商家可以通过这个自定义菜单实现服务定制的可能。例如一个生产定制手机的商家，就可以在自定义菜单中设置表单，用户通过这些表单来表达自己个性化的需求，用户和商家之间就可以实现定制化手机订购的交易。

而原来的一些淘宝商家，也可以通过微信公众号来改变与用户的沟通方式。用户只要在公众号中输入自己想要的商品的关键词，就能轻易地看到这款产品的介绍和订购页面。用户还可以直接在微信公众号的对话框里向商家的客服咨询商品情况，而且支持语音交流。

不过，微信公众号仅是内容生产平台，所能做的就是为企业或商家的宣传推广服务。而微信小程序则可以为商家提供商业服务和交易变现，如果企业在微信公众号的内容推送中添加自己的小程序入口，用户有意，在浏览公众号文章后就可以直接进入小程序购买，这样才算真正把私域流量“圈”了起来，也契合私域流量很看重的复购率的特征。因为用户只要关注了公众号，这个公众号就会经常出现在用户面前，而小程序一旦打开过，就会出现在用户的历史记录中。

QQ群和微信群

QQ 群和微信群皆是人为在社交平台上组建的社群，只不过 QQ 群基于 QQ，而微信群是基于微信而已。

QQ 群和微信群都可以看作一部分“志同道合”的人的集合。人们在 QQ 或微信上活动时，如果发现一些人与自己的兴趣、爱好、习惯、诉求、价值观等相投时，就会将这些人聚集起来，组建一个群。

在这个群里，存在着社交关系链，群主不仅根据相同的需求、爱好将大家聚集在一起，而且还有稳定的群体结构和较一致的群体意识。群成员有一致行为规范，且具有很好的分工协作能力。

不过，QQ 群和微信群又有一些区别。QQ 群是基于主题创建的，例如“×× 行业信息交流”“×× 市吃喝玩乐”，主题特征非常明显。并且 QQ 群可让用户开设多个小窗进行定点交流，这有助于多人在线进行特定主题的互动。同时，QQ 群会加入通信录，人们在 QQ 的消息界面中可以快速地找到相应的群，并进行实时沟通。而微信群则不加入通信录，如果没有用户发言，这个群的信息就会自然下沉到底部，不再出现。有很多微信群都是因为一时交流的需要而组建，交流完毕觉得没有保存的价值就下沉了，之后也就不容易再找到。因此，从这一点上来说，QQ 群作为私域流量的感觉是优于微信群的。

不过，微信群因为用户基数大，只要群主能想办法保持群的活跃，群信息就不会下沉，而且微信群更适合做用户维护和深度服务。在 QQ

群中，我们通常会只看到几个核心成员在沟通，其他成员处于潜水的状态。而在微信群中，如果只是几个人沟通，无关的信息点过多，就很可能刺激一些成员退群，因此它需要群主制定并且引导形成良好的群氛围，这样的群才称得上有意义，而且不会下沉。

另外非常重要的是，微信群现在还有群直播功能，群直播互动性、实时性强，比传统的直播更具有人际传播和大众传播的特点，同时微信群直播的链接可以一键轻松分享，可以迅速实现零成本裂变式地分享传播。

虽然各有优劣，但QQ群和微信群都符合一些私域流量的特征，例如以下两点：

1. 闭合性：建造群“围墙”

QQ群和微信群具有闭合性特点，即只有相同兴趣、爱好、习惯、诉求、价值观等的人才能进来，其他以外的人被阻止在“围墙”之外。

基于这种闭合性特点，可以有效保护群成员的稳定性，增加相互之间的交流与合作；而且有利于增强群成员之间的信任，并在一定范围内形成信息壁垒。

2. 强关系：去中心化构建交叉连接

群成员之间没有主次、等级之分，每个人都是一个中心，且呈放射状与其他人之间建立关系，形成一种交叉连接。因此在群里，创造者不应当“端着”，而应当放低姿态，与每位成员建立平等关系。

从中我们可以看出，QQ群和微信群可以说是沉淀用户的一个很关键的私域流量池。而运营好这些群，尤其是微信群，对企业和个体商家来说都会带来很大的价值。

而对于群的运营，企业需要打造一个专业的执行团队，包括内容生产、活动策划、媒体运营、客服。当然还要熟练掌握一套管理软件，能够熟练应用微信群、QQ群等社交媒体平台上的各项功能。除此以外，还要建立一整套社群运营机制，包括评价机制、激励机制、会员积分体系。

微信小程序

小程序是微信商业化的重心。据腾讯的官方统计显示，2019 年，微信小程序的日活用户就已经超过了 3 亿，累计创造了 800 多亿元的交易额。

小程序依托微信而生，因此自带天然社交属性。虽然目前小程序并不支持分享到微信朋友圈，但小程序还具有“分享至微信好友、微信群”的功能。凭借这一优势，小程序可以通过个人或群的关系链进行营销传播。这样，小程序就很容易在用户中产生裂变式传播，其裂变带来的流量就是企业、商家的私域流量。

小程序的另一个特点是类 APP 体验。以前，人们用 APP，各种各样的 APP 占据着用户的屏幕，同时还大量占据存储空间。而小程序呢，用户只需搜一搜或扫一扫就可打开某个应用，完全不用担心上述烦恼，使用户在手机端的体验更为顺畅，成为企业构建微网站或微商城的最好载体。

在自己的生态中，小程序围绕商城、门店定位、支付、会员、数据等核心商业因素，完美地实现了“人、货、场”的有效连接。

综合起来看，小程序差不多有 60 多个免费入口。在用户的手机里，用户打开小程序，能看到各种小程序按使用历史排列，一些使用频次高的小程序甚至会被用户收藏为“我”小程序，随时能在首页的下拉页面打开。

企业、商家和个人也可以很方便地建立自己的小程序。目前，在微信中建立小程序还是免费的，微信并不收取佣金，或采取流水分账的形式，这就为企业、商家、个人节约了大量的营销成本。

此外，企业还可以通过小程序关联微信公众号的方式，从微信公众号进行客户拉新和维护。这种方式，可以让企业将微信公众号的粉丝转化为小程序的客户，而且企业可以通过微信公众平台与企业小程序客户开展互动交流，精确维护客户，提升客户黏性，保证客户的存留。小程序关联微信公众号，可以说是企业进行营销的重要渠道。

2019年，微信还发布了最新产品——商家卡片（截至本书完稿时，商家卡片还处于内测阶段，商家在用户购买体验、货物质量、售后服务等方面达到要求后，就可以申请商家卡片的测试资格），为小程序的电商提供了全新的入口，能够帮助商家将公域流量转化为私域流量：

（1）用户完成支付以后，在微信支付的凭证下方就有一个“领取商家卡片”的入口，单击后就可以添加商家卡片。

（2）用户在朋友圈面对面的领券场景里也会出现同样的“领取商家卡片”的入口，以添加商家卡片。

（3）入驻的商家还可以获得一个专属二维码，用户可以通过扫码添加。

商家卡片的开发，更好地升级了微信小程序的功能。以后，“商家卡片”很有可能成为用户个性化购物类小程序的集合入口，让用户能够随时随地浏览和购买商品。

抖音号

随着移动互联网的不断发展，人们可以随时随地进行沟通和交流。与此同时，看短视频、发短视频，也成为当前年轻人打发休闲时间的一种社交方式。在此基础上，一波又一波的短视频平台涌入，如抖音、快手等，无论是素人，还是大咖，抑或是明星、艺人，纷纷入驻各短视频平台，使得短视频在短时间内爆发。

尤其是抖音，更称得上是短视频领域的“霸主”。抖音于 2016 年 9 月上线。自上线以来，抖音就火得一蹋糊涂，有数据显示，在 2019 年，抖音的用户已经超过 10 亿，其中 75.5% 的用户是年轻人，又有 66% 的用户是女性。

现在，很多人已经成了不折不扣的抖音“患者”，“我曾经跨过山和大海，也穿过人山人海”“确认过眼神，我遇见对的人”，这些经典的抖音金句也不时在人们耳边回响。有的人，每天不刷上几遍抖音，就会觉得生活中缺少了点什么。在 2020 年 1 月，抖音的日活就突破了 4 亿。

抖音为什么火，又为什么能在众多短视频平台中脱颖而出？这主要是基于以下几点：

1. 15 秒小视频

抖音的短视频确实够短，一条短视频的时长通常都是 15 秒，这么短的时间展示出富含文案、视觉、音效、动态等多重刺激的短视频内容，确实很容易刺激用户感官，引发用户的情绪共鸣。

2. 录制难度低

抖音的短视频，录制起来并不难，它拥有简单的切镜头、特效和滤镜功能，不仅降低了录制难度，而且增加了视频的可观赏性，让视频更富有节奏感。

3. 草根化

抖音上的短视频，无论是精致还是粗糙，都不会被用户嫌弃。一些接地气的视频甚至会让用户更加觉得亲切，更贴近生活，用户也更容易接受视频传达的信息。

4. 即时感强

抖音的短视频有很多都像是用户临时起意拍摄的，给人很强的即时感，也让用户感觉非常真实。

可以说，抖音是目前互联网上流量多，又很空白的一块肥沃之地。因为抖音去中心化的特点，任何一个账号都有机会拥有百万甚至上千万的粉丝，也就是说，每一个账号都有上热门或者成为大V的机会。

那么如何通过抖音来打造自己的私域流量池呢？最重要的就是利用抖音打造属于自己的个人IP，通过抖音建立自己的个人IP影响力。

这里，首先是要找到自己的定位，你要做的是哪一个核心的细分领域，你的目标用户是什么群体。其次，你要知道通过抖音创造什么样的内容和视频才能帮助你的目标用户解决痛点和需求点，怎么为用户提供真正有价值的信息和解决方案。最后，在吸粉以后，你还要将抖音的用户巧妙地导入微信，抖音的账号资料，如头像、昵称、个人简介中都可以留下微信等联系方式；也可以通过抖音的评论区或是私信的方式引流入微信，并发动抖音用户积极响应你的成交主张，以此实现有价值的商业变现。

其实不只抖音，像快手这类短视频平台也可以采用这一套流程来打造自己的私域流量池。

什么才是最好的私域流量载体

依前所述，微信个人号、微信公众号、微信群、QQ 群、抖音号等都可以算得上是私域流量载体。但要说哪一个才是最好的私域流量载体，则非微信个人号莫属了。

原因在于现在几乎我们每个人都在使用微信，但却不是每一个人都在使用 QQ、抖音。换一种说法就是，虽然这些平台也在连接用户，但他们相比微信来说，现阶段肯定还不如微信。而微信公众号，虽也可以说是一个巨大的宝库，但有过经营微信公众号的人都知道，微信公众号的运营成本较高，粉丝增长变得越来越难，而且发送内容的打开率也大不如前，粉丝黏性与互动率也呈现下滑趋势。因此，把微信公众号的粉丝导入微信个人号，精心维护，或许才能挽公众号于“狂澜”。

甚至，微信群都不如微信个人号，企业或商家建立微信群的最终目的其实还是想把用户导入自己的朋友圈。微信个人号目前有 5000 人的用户限制，这 5000 个好友其实就相当于一个大的微信群，而且朋友圈中你的信息是可以触达到每一个人的，群成员也会很容易看见，效果比微信群还要好。因为微信群的消息如果太多了，通常人们是不会一条一条地去翻阅的。

当然，我们这里说微信个人号是最好的私域流量载体，并不是说企业或商家要拒绝其他私域流量载体，各个载体都有各个载体的优势，企业或商家必须根据自己的实际情况做好选择，企业或商家应该把微信生态、天猫生态和抖音、快手等的生态当成一个整体来考虑，很多时候我们还需要几条腿走路，既做短视频，也开直播，同时输出用户感兴趣的文章，打通变现渠道，才是最好的运营私域流量的方法。

只不过，微信个人号可以成为广大中小企业或商家搭建私域流量的首选。因为一些体量很大的企业可以自己做一个 APP 来作为私域流量池，而中小企业或商家显然没有这个实力，结合微信低成本、强社交的传播特点，微信个人号理当成为私域流量的“不二之选”。

更重要的是，微信还能为企业或商家形成一个用户全生命周期的闭环。为什么这么说呢？主要是基于以下几点：

1. 微信是人们最常使用的社交媒体

微信的用户体量不仅巨大，而且人们花在微信上的时间也比其他社交媒体要多。有统计显示，中国人几乎每天都有约 4 小时的时间花在手机上，其中又至少有一个多小时的时间花在了微信上。除了使用时长，人们对于微信的打开频次也很惊人，有统计显示，现在消费者的主力军，即“80 后”“90 后”他们每天平均打开微信的次数都在 30 次左右。从这些数据上来看，说微信是人们最常使用的社交媒体，的确名副其实。因此，微信才会成为所有企业和商家不愿意放过和错过的领域。

2. 微信更利于经营用户

微信朋友圈就是最好的“私域空间”，在这个私域空间里，我们可以很好地联系用户、维系用户，而维护好了用户关系，才会让用户忠诚、产生复购。同样，网络上最好的用户关系也是企业和商家、用户互相走进对方的朋友圈。

3. 微信是个天然的流量池

微信封闭和私密的社交环境，让微信朋友圈可以用绝对私域流量池的形式存在，而抖音、快手、微博等都还含有一些公域流量的特征，不具备这个基础条件。

由此可见，要做私域流量，我们就一定要利用好微信个人号，利用好微信里的直播、视频等基本功能，哪怕你在微信个人号中只有 1000 个铁杆粉丝，也会为你产生不可低估的力量。凯文·凯利的“1000 个铁杆粉丝理论”便是如此，“保守假设，铁杆粉丝每年会用一天的工资来支持你的工作。这里，‘一天的工资’是个平均值，因为铁杆的粉丝远比这花得多。再假设每个铁杆粉丝在你身上消费 100 美元，如果你有 1000 名粉丝，那么每年就有 10 万美元的收益，减去一些适度的开支，对于大多数人来说，足够过活”。

我们将凯文·凯利的“1000 个铁杆粉丝理论”搬到中国来再计算一下。假如某商家的微信号中有 1000 名铁杆粉丝，每人每年仅购买一次你的产品，按每单产品的利润 300 元来计，那么你一年的利润也会达到 30 万元。按凯文·凯利的话来说，这样你还担心你的生存问题吗？

另外，如果我们以私域流量池的核心指标：是否有高频在线的用户、是否有账号体系（形成触达闭环）、是否有支付体系（形成支付闭环）来看，也可以发现，微信才是最好的私域流量载体，是广大企业、商家、个人都必须重视的不二渠道。

第四章
将用户导入私域

运营私域流量，强调的是精细化运营，我们需要为我们的私域流量池导入精细化的用户。因此，建构私域流量的第一步便是尽量将精细化的用户导入私域。这里面有多种导流渠道可以选择。和私域流量载体的使用一样，在选择导流渠道时，我们也要根据自己的实际综合评判，选择最符合我们特色的引流渠道。

私域流量的主角是“情绪人”

社交媒体的兴起，让我们将以前的社会社交场景几乎原封不动地搬到了线上。一个微信个人号就好比我们以前一个人的完整社交圈。当我们用微信和别人沟通时，就是和一个个真正的“朋友”在打交道，那一个个的微信号绝不仅是冷冰冰的文字或符号，而是一个个饱含情绪的人。企业和商家维系用户，也必须要明确，自己是从“人”的角度去和用户做朋友，而绝不是用你手中的品牌在和用户做朋友。

我们都应该知道，在所有的私域流量载体中，用户端是人，运营端也是人。人与人之间是公平的，无差别的。

通常，用户端的人即消费者的决定是通过无意识的情绪脑来做出的。情绪左右着用户的行为。而人的基本情绪状态有高兴、悲伤、惊讶、愤怒四种，这四种情绪又在人们头脑中用无数种方式创造着各种情绪，于是有了人类情绪的千变万化。

对于网络上出现的一些信息，人类首先发挥作用的是感觉系统，然后才是思考。人类大脑对情绪信息的处理速度要远大于对认知信息的处理速度。这样一来，人们在关注商家在社交平台发布的信息或收看直播时，首先关注的就是内容中的标题、图片、视频，这些带给用户基本的情绪认知，或高兴或好奇，在这些情绪的作用下，人们才会去阅读、观看、评论或者转发。

因此，对于私域流量的运营者来说，不仅要充分理解用户是怎么通过感觉器官来接收信息的，还要懂得人性，懂得调动用户的情绪。

私域流量的运营者是当仁不让的主角，而这个主角就必须担负起一个“情绪人”的角色，作为情绪人，他时刻都在调动用户的情绪，或引导用户加入自己的私域，或引导用户互动、购买。

美国作家约翰娜·斯坦推出新书《家长新概念》，在社交媒体的宣传视频中，一改以前家长教育孩子常用的语气，采用了孩子不断地向妈妈发出疑问的形式。孩子天真的话语、大胆的想法让看到视频的人不免开怀一笑。结果，这种快乐的情绪带动用户一直观看，直到看到画面最后的书的名字和书的购买链接时为止。视频中孩子的天真的问话给观看者带来了欢乐，也契合这本书的主题。

这便是调动用户情绪的一个很好范例，约翰娜·斯坦知道自己的目标用户——家长，知道用户想从自己这儿得到什么——更好的教育，知道在用户理想的实现过程中会遇到什么样的痛点——欢乐，而不严肃，知道自己对用户痛点的理解——让教育变得更快乐……所以，约翰娜·斯坦是成功的。

我们做私域流量，也要经常问自己：我们的用户是什么样的人？用户想从我们这里得到什么？用户有什么痛点？我们怎么理解这个痛点？能让用户快乐的是什么？我们可以做什么？用户又希望我们做什么？

知道了这些问题的答案，“情绪人”就呼之欲出了。当然，情绪人的打造绝不是一蹴而就的，运营者必须多关注用户，多了解用户，才能真正发现用户的需求，并针对这种需求去调动用户情绪，让用户满意，让用户快乐了，不用你拉，用户就会自动进入你的“私域”。

直播间引流

直播，是主播通过一些电子设备在互联网的直播平台直播自己要表达的内容，同时观众也可以通过文字与主播交流、沟通的一种互联网新型媒介。2016 年，直播作为互联网的一种新型媒介异军突起，各大直播平台也如雨后春笋般急剧发展。2019 年，电商直播更是红极一时，很多“网红”争当“带货王”。2020 年，新冠疫情暴发，由此催生的“宅经济”又让直播带货变得更为火爆。这便为广大草根创业者提供了一个很好的创业思路。

可以做直播的平台有很多，如淘宝直播、抖音直播、微信直播等。微信直播虽然上线时间晚于淘宝直播、抖音直播等，但是微信庞大的流量基数，将不可避免地使其成为一个全新的风口。

目前，微信直播还不是专指某一个平台，而是微信端的小程序直播。2020 年 2 月，微信小程序直播开始公测，随即引发广泛关注，因为它让微信生态系统中的“社交 + 直播 + 电商”成为可能。微信天然的社交属性决定了社交必然是它的底层驱动力，现在有了直播，就能让用户找到更好的产品，从原来的人找货、货找人发展到人推荐货。这其中，发源于社交的人们之间的信任就起着决定性的作用。而大家又都知道，私域中的人的信任是最强的。

微信直播简单易行，只要有一部手机，只要是微信用户，只要你的微信好友不是零，任何人都可以成为主播，做微信直播。

微信直播内测时，完美日记成为首个参与内测的品牌，其开始直播以后，场均观看人数环比平均增长了约8倍；步步高百货2020年2月26日上线微信小程序直播，首播30分钟，其销售率就突破了40万，首场的点击转化率达到15.3%；2020年3月8日“女神节”当天，数百个女装品牌同时在微信小程序开通直播，官方数据显示，有的女装品牌交易额环比提升达37.2%。

由此可见，微信直播正在成为商家的一个主要经营工具。因为它“新”，早一步抢占这块“高地”，就有可能早一步收割它带来的“红利”。

当然，无论是微信直播、淘宝直播，还是抖音直播，直播的引流都很重要。只有我们显示出强大的引流能力，我们的“直播+私域运营”才会有更加旺盛的生命力。

1. 选对人设，引发情感共鸣

“工欲善其事，必先利其器。”如果你想通过直播长线吸粉，首先就需要建立个人人设，只有与消费者达到“臭味相投”的境界，才能引来源源不断的流量，或吸引好友的不断分享、转发。

当红 KOL 薇娅，在淘宝直播拥有 156 万粉丝，曾创下了 5 小时卖货 7000 万的纪录。薇娅之所以能创下如此佳绩，很大一部分原因就是她将自己的人设定为广大消费者的“闺密”。“闺密”一词总会给人一种温暖的感觉，就像阳光照进心里一样温暖。通过这样的人设，薇娅很好地引发了自己和粉丝之间的情感共鸣，建立起了粉丝对自己的信任关系。

显然，人设的建立，使得粉丝和消费者隔着手机屏幕，都能感受到一种亲切感。除了“闺密”，还有人给自己定位的人设为“男朋友”“老师”等。选择适当的人设，与粉丝在情感交流的过程中建立信任关系，便于你在适当的时机引入品牌信息，使粉丝能够因为对你的认可和信赖而认可品牌。可以说，人设定大下。

2. 凸显自己的专业特长

做服装、美妆还是其他领域的主播，向受众推荐产品，不是凭借个人喜好来决定，而是要凭借扎实、专业的底子来决定。要知道，在某方面掌握专业、扎实的知识和判断能力，在受众面前推荐产品才能更有说服力，否则自己对产品都一知半解，对产品的判断都模棱两可，受众又岂会对你推荐的产品放心购买？

3. 提前分享，吸引关注和转发

直播开始前，主播就应将自己的直播信息一键分享到各大社交平台，例如微信、微博等，最大限度地吸引粉丝。如果我们的标题吸引人，内容符合目标受众的需求，可能很多人还会一键分享，吸引更多的粉丝。

4. 巧妙的简介、视频画面、互动引流

在直播（尤其是微信直播以外的淘宝直播、抖音直播等）的内容简介中，我们可以巧妙地植入我们的微信个人号、微信公众号，这样当粉丝加我们的视频直播账号时，还会迅速找到我们的微信个人号，添加我们成为好友。

在直播呈现的画面中，在不影响观众观看的地方，例如画面左上角、右上角，也可以标出我们的微信个人号，这样如果用户对我们的视频感兴趣，就有可能随手按照画面显示添加微信个人号，成为我们的微信好友。

直播最大的特点就是主播可以和粉丝随时互动，因此在直播中可以及时提醒粉丝，关注我们的微信个人号就能参加一些活动，例如开红包、优惠券、抽奖，以此吸引粉丝成为我们的微信好友。

自建账号，内容产出引流

现在，互联网中的社交媒体平台可谓百花齐放，有图文类的，有短视频类的，有音频类的等，综合出来约有以下一些：

图文类：微信公众号、微博、企鹅号、天天快报、头条号、网易号、搜狐号、大风号、大鱼号、百家号、脉脉、知乎、豆瓣、简书、悟空问答……

视频、短视频类：抖音号、快手号、一直播号……

音频类：喜马拉雅 FM、网易云音乐、荔枝 FM、荔枝微课、小鹅通、蜻蜓 FM、企鹅 FM……

以上媒体平台都各自带有相当一部分流量，所有人也都可以在这些平台上自建账号，依据不同媒体平台的属性产出相应的内容，吸引粉丝关注。如果我们能够讲好自己的故事，做好内容营销，布下内容之网，用内容连接用户，就能获得用户的持续关注，再以此修建流量之渠，例如维护好自建账号中的粉丝，保证粉丝的留存，或是将在上述平台上筛选出的粉丝导入微信个人号这样的私域流量池中经营，就可以获取源源不断的精准流量。

自建账号，内容产出引流，顾名思义，只有好内容才是成功引流的砝码。我们常说的 10W+、爆文就是好内容的一个标志。

产出内容，新媒体有新媒体的逻辑。有的传统企业也在社交媒体上自建账号做过内容营销，但做到最后都失败了，有一个很重要的原因就是他们不懂新媒体，不懂互联网传播，还以为只要找人写写文章，放到账号中就可以了，结果因为内容不好，做了一段时间就自动放弃了。

我们在经营私域流量池的过程中，要想通过内容营销来获取精准流量，就一定要知道我们需要输出什么样的内容，才是有价值的内容，才是用户喜欢看并且持续看的内容。要知道我们的核心是连接用户和筛选用户，即获得关注，赢得信任。以下几点是我们做内容引流量一定要考虑的。

1. 内容要有框架

自建账号的内容输出，是吸引用户的切入点。要想连续不断输出优质内容，就需要考虑目标用户的画像是什么？他们有哪些需求？如何才能给他们做出及时的信息反馈？

这一系列问题，结合起来构成一个大的框架。而所有的输出的内容，都应当基于这个框架，围绕账号的核心价值点进行。否则输出的内容没有一个总体的基调，给人杂乱无章的感觉，是难以吸引用户的。

在当前的互联网时代，酒香也怕巷子深。花再多的时间和精力打造再好的内容，如果没有人看，也是徒劳的。在当前这个注意力稀缺的时代，人们很少能够长时间将注意力集中在同一件事情上。所以，一定要把好内容关，才能吸引更多的认同账号价值观的人。

2. 内容要有用户参与感

如果内容平平、老生常谈，对用户是无法达到“一石激起千层浪”的效果的。这样的内容往往难以为账号的进一步壮大建立功勋，无法给账号带来勃勃生机。

融入用户参与感的内容，则能够激起群成员的参与热情，在参与的过程中有效提升用户黏性。而输出这种有用户参与感的内容，才更能保证吸引用户的持续参与。

3. 内容要有及时性

自建账号的内容还应当注意及时性。即能够及时将当下热点事件融入内容当中，为内容营销造势。同时，还要对用户发起内容反馈给予第一时间的回应，让用户产生被重视的感觉。

4. 内容要有持续性

有持续性的内容才能持续吸引用户的关注，才能保证用户的存留。为了避免内容输出在后期出现“瓶颈”，最好在注册账号的时候就给自己做好内容规划，就像写小说一样，能够将每个章节都设定好，这样也不至于在后期写作中难以下笔。当然，对于一些体量较大，预算较充裕的企业、个人和实体店，可以寻找 MCN 机构（互联网专业内容生产者）合作，帮你持续产出更优质的内容。

当前，MCN 机构的内容服务类型包括文字、图片、视频、直播等领域。短视频发展的势头是 MCN 机构快速、大量涌现的重要推动力量。据相关机构预计 2020 年 MCN 机构数量将达到 5500 家，而且 90% 以上的头部红人都被 MCN 公司收入囊中。这意味着 MCN 机构具有很强的内容生产能力和专业化水准。这种能力和水准，是单凭网红或 KOL（关键意见领袖）所难以达到的。

因此，对于预算充足的企业、个人和实体店，可以寻求 MCN 机构的帮助进行内容规划，从而保证价值变现可以打开更多的道路。

总而言之，自建账号，内容生产是至关重要的，能否通过内容输出吸引用户关注，获取私域精准流量，是决定一个账号是否能够健康持续运营下去的先决条件之一。在内容运营当中，要重视与用户的沟通，通过内容不断与用户产生互动，给予用户足够的重视感和尊重感，才能让用户对你“死心塌地”，从而保证用户的质量与稳定性。

员工IP化引流

每一个企业、商户的每一个员工，其实都是一个小的私域流量池。试想想，一个有 100 名员工的企业，如果这 100 名员工每个人的朋友圈里都有 1000 人，将员工们的私域流量加起来，企业的私域流量就有 10 万人，是不是很可观。更何况，每一名员工还可以在工作和生活中持续不断地增加流量。而且，因为身在这个行业内，员工们的私域流量也可以说是离企业最近的粉丝了。

因此，对于企业、商户来讲，员工是我们绝不可以忽视的引流渠道，每一个员工都是一个活的IP。企业、商户一定要想办法影响员工、培训员工，做好全员营销。话又说回来，如果一个企业、商户连自己的员工都影响不了，那又何谈影响外面的用户呢？

我们以孩子王为例。

2015年，拥有300家线下门店的孩子王开始有意识地搭建自己的私域流量池。当时，孩子王打破门店导购的常规，要求一线员工每个人都成为专业的育儿顾问。这样几年过后，孩子王已经有超过80%的员工拥有了国家认证的育儿资格证书。

在孩子王的线下门店，每位员工都会有意识地引导到店的顾客加一个微信好友。用户添加完以后，就会惊喜地发现对方不仅是孩子王的导购或推销员，还是一名专业的育儿顾问，每个顾问还都有自己的评级和用户评价记录，用户可以清晰地看到顾问的专业性和历史服务记录。就这样，孩子王的员工完美地诠释了孩子王的价值主张，建立起了孩子王和粉丝之间的联系，获得了用户的信任。自然，用户的转化率和黏性也会大大提高。

据统计，从2015年到2019年，孩子王已经做到了全渠道会员数达2700万，其中付费黑金会员50万。全国300家线下门店，微信公众号的粉丝已经超过500万，APP装机数1500万，小程序的注册用户超过500万。这其中，有很大一部分是员工IP化的功劳。

员工 IP 化，从另一个角度来说，也可以说每个员工都是一个 KOC（能影响自己的朋友和粉丝，并让他们产生消费行为的关键意见领袖）。虽然 KOC 不能和 KOL 相提并论，但 KOC 的优势是其朋友和粉丝更垂直，与消费者的距离更近，信任感更强，他们的推荐和分享带来的购买率远大于 KOL。

这是因为，从消费者的角度来讲，用户可能很难喜欢一家公司，但却很容易喜欢公司的某一个人，毕竟人与人之间是有吸引力的。这样，让员工 IP 化，就可以通过个性化的员工来触达消费者，间接地拉近了公司与消费者之间的距离。

再者，KOC 本身也是消费者，作为粉丝的朋友，他们就是一群具有“真实、信任”等特质的消费者。

所以，孩子王的员工，其实就是它的 KOC。任何企业、商户，当员工都被动员起来的时候，其实就等于是帮助企业低成本地搭建了一个大的私域流量池，每个员工就是这个私域流量池的一个入口。

线下引流

私域流量池的大小，决定着商家的生存和发展。每一个商家都想要集合更多流量，简单点说，人即流量，商家要的就是聚人气，圈人。而要做到这一点，我们就要找到一个好的入口。有好的入口，用户才能不断被你吸引过来。

这就涉及引流的问题了。引流分为线上引流、线下引流两大部分。线上引流，有直播间引流、内容产出引流等，线下引流，可能很多商家还比较陌生。

我们常见的线下引流是用户到店，主动介绍用户添加商家微信，或是用户使用第三方支付软件付款时，关注商家微信获得，之后商家再对用户做一对一的跟踪服务，加深用户对商家的印象，慢慢完成转化。

但这种方法其实成功率并不高。若非熟人或是用户有意，用户添加商家微信只能算是一个“被迫”的行为，本身有着抗拒心理，之后商家“单刀直入”去做跟踪服务，大多数用户也不会领这个情。

还有一种会员入口，就是给用户提供特别的通道或服务，来增加入口的引流。例如，现在人们去餐饮店消费，餐饮店一般都会诱导客人办会员，会员有价格上的优惠。很多客户就会因为餐饮店对会员的优惠力度选择办会员。而一旦成了会员，那么餐饮店就等于锁定了这个用户。当然会员的种类很多，如果是年卡，甚至等于形成了长期的入口。

另有一种跨界入口，就是通过资源的整合来获得入口。例如，理发店和高端洗车店合作，让这些高端洗车店的会员可以免费理发，以此引流。

以上算得上是一些成本较低的线下引流方式。而事实上，商家要想快速线下引流，还是要做活动、搞促销，通过一些“舍”的方式来引流。当然，既然是“舍”，那商家就要计算好成本，切不可单纯因为引流而将自己做倒闭了。

这里，商家可以选择大型商业中心、超市、景区或者社区居民中心等人气较高的地方作为主战场。活动伊始，商家首先要启动一批种子用户，即那些对商家的活动表现出积极参与或热情很高的用户。这些用户就好比是明星的粉丝，明星让粉丝做什么，粉丝通常都很乐意去做。种子用户启动好了，对后面的裂变启动很是关键。因为种子用户才会乐于帮你分享，达成一传十、十传百的效果。

活动开始后，商家要活用话术，要有噱头，例如餐饮业的“霸王餐行动”等。再一点，做商品促销，要有一个理由，例如是因为周年庆才推出的活动等。这样才能避免用户认为你是销量不好才搞促销打折的认知。

活动推出以后，可以在店面显要位置摆放海报，或采用工作人员进行推介等方式，让用户添加微信好友或扫码进群，把用户引流到群参与抽奖。用户进群后，也要在群里“安利”新用户，发设置好的海报或文案。在群里，中奖的用户毕竟是少数，但也不要放弃那些未中奖的用户，可以对这些用户再发放一些福利，这样用户的留存率和转化率才容易上来。

当然，线下引流的方式还有很多，不可一概而论，原则是商家有好的创意都可以试用。

一个卖面膜的女性，因为没有实体店，她就采取了和外卖员或快递员合作，让他们在与人接触时，如果发现对方是女性，就对她们说：

“现在扫码就可以免费送XXX面膜。”通过这种方式，她也取得了很好的线下引流效果。

因此，案例是死的，方法是活的，我们做线下引流，不仅可以充分利用自己的资源，也可以充分利用别人的资源，只要好好思考，我们就一定能找到方法。

参加活动引流

如果是个人想要搭建私域流量池，引流渠道相比企业相对要窄一些，例如员工IP化、线下门店引流都不是现实的做法，不过我们也要想尽办法进行引流，其中参加一些活动，也可以视为一种很好的引流渠道。

所谓个人参加活动，就是要经常参与与自己销售的产品或提供的服务有关的活动。当然，参加这些活动，很多时候是要付费的，如参加培训、加入旅游团等。

以加入旅游团为例。如果你是销售与旅游相关的产品，加入旅游团是一种非常不错的引流方法。旅游团中的每位成员都是你的潜在客户，他们大多喜欢旅游和户外活动，对于相关产品有大量需求。而且这些人所结识的朋友大多是兴趣相同的人，在他们背后往往隐藏着很多会成为你的潜在客户的人。

但是，要想将旅游团成员变为自己的流量，为自己带来销量，也是要讲究营销策略和方法的，而且要循序渐进地进行。否则直接邀请加好友，或推销你的产品，会让人反感，进而对你避而远之。

在旅游过程中，不妨与他们分享自己的旅游经验和心得，比如哪里旅游风景不错，哪里旅游更加实惠等，以此打开话匣子，让他们觉得你就是那个与他们志同道合的人，自然就拉近了彼此之间的关系。此时提出添加好友，别人自然会很乐意。

之后再谈论旅游过程中出现的某些不尽如人意的情况，由此引出人们的痛点，并产生共鸣。打铁要趁热。此时，可以向他们推荐痛点解决方案，并润物细无声地将自己的产品融入解决方案当中。当人们对你的方案表示认可时，自然会产生如同爱屋及乌的效果，进而对你的产品认可。最好能遇到相同的情况时，你用你的产品给大家演示，让大家现场使用，真切地感受到你的产品的好。因为在这个消费者注重体验的时代，即便你说得再好，没有亲眼见识到，没有亲身体验过，对于大家而言都是虚无缥缈的。

由此，你通过参加旅游团添加的好友，不但实现了你的引流目的，还能为你带来有效的转化。

值得一提的是，参加活动实现你的引流目标，需要注意两点：

（1）一定要选择与你的产品有密切关系的活动，这样才能实现精准引流，提升转化效率，真正实现“花小钱，办大事”。

（2）心急吃不了热豆腐，每走一步都要有策略性。只有循序渐进、深入人心，才能收获理想成效。

付费引流

现在有很多企业在公域流量平台投放广告，希望得到消费者的青睐。这样的广告投放当然是要付出成本的，而且成本不菲，如果我们的广告是为了将流量从公域流量导入私域流量，这样的引流方式就叫付费引流。

现在的主流社交媒体平台如百度、淘宝、京东，以及一些 KOL 的自媒体平台上都可以投放广告。相应的付费投放方式则有广点通、粉丝通、DOU+ 等。

对于企业而言，只要有预算，就可以进行相应的广告投放付费引流。不过，在流量红利消退的情况下，大平台上进行付费引流早已不如以往了。

广点通刚刚推出的时候，有些人或机构就投入资金为自己的公众号粉丝拉粉，那时候，拉到一个粉丝的成本还不足 1 元钱，当时也发展起了不少大号。而现在，同样是在广点通上付费拉粉，拉到一个粉丝的成本早已经超过了 5 元。

虽然老平台的付费引流成本越来越高，但在一些新平台上做付费引流还是值得尝试的。现在的互联网产品日新月异，一些新平台说不定什么时候就会崛起，带来大批流量。因此企业可以时刻关注一些新兴的公域流量平台，尤其是垂直平台，尽早布局。你要知道，你布局得越早，你所付出的成本就会越低。

不过，付费引流也有一些技巧，例如：

1. 定位

我们投放广告，首先要明确的就是我们希望这个广告为我们达到什么目的，是引导搜索，还是访问更多。当然，付费引流就是为了让粉丝关注我们的私域流量账号。

2. 人群分类

信息流是人群定向，我们要引流的一定是精准的有潜在意向的人群。因此，人群分类十分重要，我们要明白我们的广告是打给谁看的，我们的广告在什么平台上最适宜，最能获取用户好感。

3. 物料撰写

不同渠道的用户，其画像不同，使用目的也不同。所以我们在投放广告的物料撰写上一定要符合用户思维，尽量在不引起用户反感的情况下吸引点击。

4. 选择合适的投放模式

我们以 DOU+ 为例，DOU+ 其实是抖音的一款官方广告投放平台，它的投放模式有三种：系统智能投放、自定义定向投放、达人相似粉丝投放。如果不选择，系统就会默认将你的视频推荐给可能感兴趣的用户。而往往，自定义定向投放，才能让你根据自己的实际情况来选择投放用户，包括用户性别、年龄以及所在地域等，这样得来的用户更为精准。

将品牌变成流量池

对于一些知名品牌来说，这个品牌本身就是自带流量的，就是一个大的流量池。而现在我们构建私域流量池，终点也是建立起品牌效应。

这就像瑞幸咖啡 CMO 杨飞在其《流量池》一书中说的那样："品牌是企业最稳定的流量池。"为什么这么说呢？那是因为对消费者而言：

第一，品牌解决了认知问题。消费者记住这个品牌以后，就能很自然地将其与竞争品牌分开，在选择同类型商品时，会有意识地认准这个品牌消费。

第二，品牌解决了信任问题。品牌占领消费者心智以后，消费者会自然地认为这个品牌的产品质量是有保障的，所以他们会较为放心地购买。

第三，更高级的品牌会形成一种文化或信仰，具有极强的生命力。这一点就像可口可乐创始人阿萨·坎德勒说的那样："即使可口可乐在全球的工厂一夜之间全被烧光，只在一天之内，我们就能马上恢复生产。"这就是品牌的号召力，现在世界上的知名品牌，例如星巴克、苹果，几乎都有这个能力。

品牌是建立在消费者的认知基础上的，因此品牌最大的敌人，不是竞争对手，不是自己，而是消费者的认知。就像分众传媒董事长江南春所说："流量占据通路，品牌占据人心。补贴和流量相当于促销，而品牌才是真正的护城河。"如果有一天，消费者的认知垮掉了，这个品牌也就垮掉了。因此品牌是需要维护的，尤其是私域流量中的那些专属消费者，更是维护的重点对象。

要通过私域流量构建品牌，就是一个让消费者建立品牌认知的过程。这个过程是漫长的，需要时间的积累，需要通过不断的内容输出、场景设计来对消费者传递我们的价值主张，才能让消费者建立起对我们品牌的认知。

不过，私域流量池构建品牌有两个核心要素我们一定要注意，那就是注意力和粉丝经济。

为什么现在的网红们随随便便发一条微博，就能得到几万、几十万的转发，随随便便做一场直播，就能收到几十万元的礼品？这些巨大的流量背后，不外乎就是关注和粉丝。

对企业而言，关注就是注意力经济。有了关注，就有大量免费流量涌入。现在一些明星企业，无论产生什么新闻，都能引来一大波关注，这就是它们的关注力。

粉丝就是粉丝经济，企业的粉丝就是企业产品的忠实用户或喜爱者。粉丝不但会主动购买企业的产品，还会主动帮企业的产品做推广宣传。粉丝是企业做品牌最好的流量来源。

因此，品牌就是流量。我们做私域流量，目的就是要吸引关注和收获粉丝，在不断打造的注意力经济和粉丝经济的刺激下酝酿消费者对品牌的认知，最终收获品牌带来的巨大红利。

第五章
私域流量用户导入实战技巧

除了引流渠道，没有良好的方法、技巧做辅助，用户的导入也不会取得好的效果。为此，我们需要有清晰明确的用户获取意识，需要设计好的用户获取策略，需要采取有效的导流行为，以争取把原来散落在不同角落的用户都引入私域流量池。

如何为你的用户画像

运营者要将用户导入私域，首先一定要明确自己面向的消费者是哪些人群，他们具有哪些特点，这样才能迅速找到目标用户，导入精准的消费者。

而这一步，就称为“用户画像”。“用户画像”，就是尽量全面地对用户年龄、性别、地域、行为习惯、消费习惯、个人喜好、观点等重要信息，做一个精准的数据描述。换句话说，用户画像，就是对用户全貌信息进行标签化、可视化。通过用户画像，可以很好地分析不同群体的各项指标，洞察用户群体的核心特质。而且还可以还原用户真实需求，知道企业的产品、服务研发和市场营销，从而更好地满足目标用户需求。

从另一个层面来说，商家为用户的画像越细，就会使商品的服务对象更聚焦，商品信息获得的转化率就会越高。

现在很多成功的企业，都能找到细分用户画像的影子。例如苹果，一直致力于为有态度、追求品质、特立独行的人服务，因此苹果的手机及其他产品都能在这部分消费者中赢得口碑，占据市场。

通常用户画像数据包括两大类：静态数据和动态数据。静态数据主要是指在一定时间内基本固定不变的数据，主要包括人口属性（性别、收入、学历等)、外在属性(企业用户、个人用户、政府用户等)、消费特征(包括行为习惯、消费习惯、个人喜好、消费频率、消费观点等)、生活形态(兴趣、活动、意见等)、CRM(即客户关系管理,包括销售、营销、服务等)。动态数据主要是指在一段时间内不断变化的数据,主要包括场景(包括访问设备、访问时段)、媒体(即一段时间内用户具体访问的媒体,如资讯类、视频类、游戏类、社交类等)、路径(即用户进入和离开某媒体的路径,可以简单理解为用户的站内和站外行为)三大维度。

这些静态数据和动态数据就是为用户画像打上的标签。但仅打上标签还不能算作精准用户画像,还需要打上每个标签的权重。所谓“权重”就是指表征指数,即用户的兴趣、爱好指数,也可能是表征用户的需求度,可以简单地理解为可信度、概率。

通常,标签权重 = 时间 × 位置 × 行为

每一次的用户行为都可以描述为:什么用户,在什么时间、什么地点,发生了什么事情。

例如:A 用户上周在小米官网买了一台小米 CC9 Pro,反映出的用户标签就是“米粉 0.9”;B 用户上个月在唯品会收藏了小米 CC9 Pro,反映出的标签就是“米粉 0.45”。

对于标签,商家要基于大数据来采集,用电子化的方式进行归类。无论怎样,这个标签都不能盲目,不能以拍脑门的方式来贴。例如一个商家的目标用户是学生群体,就不要想当然地认为用户的消费特征是盲目的。其实学生群体喜欢有群体意志的东西,绝不是盲目的,而且不同阶段的学生,其消费跨度是很大的。

此外,我们给用户画像,目的是对用户进行数字化的聚合和描述,

为精准化营销打下基础。如果我们有两组用户画像，这两组人除受教育程度和年龄外，其他标签几乎一致，那我们就可以理解为，不同的受教育程度和不同年龄的人对我们的商品的需求程度是一致的，受教育程度和年龄可以从我们的标签中抹去，而将这两组用户合并为一组用户。

而判断精准用户，最重要的则是要从用户画像中的几个关键入手，即客户购买能力、消费历史、购买需求、消费频率、现有客户特征。

1. 购买能力

购买能力意味着客户是否是能买得起你的产品的人。如果答案是“是”，那么说明该用户具有强劲的购买能力。

2. 消费历史

从客户的消费历史中，能够得知他们最近买了什么，将要购买什么。能够正确找出客户的产品需求，你才能知道哪些客户才是你的潜在客户，并且在未来能成为你的目标客户。

3. 购买需求

如果客户在某一方面有购买需求，如果你的产品正好属于这方面，那么说明客户很可能对你的产品也有一定购买需求。

4. 消费频率

消费者在某方面产品的消费频率越高，就代表客户价值越大。锁定这样的高消费频率客户，则更容易成交。

5. 现有客户特征

你需要从你的现有客户中提取出精准客户特征，这样有助于你能够更好地把握客户，知道哪些客户对你来说是有价值的客户。

做私域流量，得用户者得天下。当明确了什么样的用户才是自己的精准用户之后，接下来就要拉人引流，让更多的精准种子用户到自己的“碗里”来。

如何设置让人一眼就“相中”的微信号

前面我们提到，微信个人号堪称是最好的私域流量载体。既然如此，我们就要利用好微信个人号这个渠道。

注册过微信的人都知道，我们每个人都有一个微信账号，你需要设置的有昵称、头像、个性签名等，所有这些综合形成别人对我们微信账号的“第一印象”。通常，第一印象越好，后续的沟通就会越畅快。

曾有人说，一个微信号，不管是新添加的还是添加了很久的，当他们看到你微信的头 30 秒，如果还不能明白你是谁，你是做什么的，那么你的微信营销就可以说是失败的。反过来看，我们自己添加别人也是如此，刚刚加上好友时，我们基本都会看看别人的基本信息，翻翻别人的朋友圈，快速对他们的“状态”有个判断，如果发现“不合拍”的人，我们甚至可能紧接着就将其删掉。

由此也可看出，微信号“基本装修”的重要性，它可一点也马虎不得。

1. 昵称

起昵称是为了让别人更好地了解你。昵称的设置最好能尽可能清楚地告诉别人你是谁，你是做什么的，你代表什么。

“实名 + 后缀”是比较好的昵称设置形式。这里的实名可以是真实名字，也可以是大家所熟知的艺名或网名，例如同道大叔、六神磊磊等；而后缀则可以是你的公司，或者是你的职务，也可以是你核心的擅长点等。例如“王军 | 资深减肥教练”，这样别人就很容易记住你和了解你。

另外，我们微信昵称的名字还要符合字数要短、拼写简单、便于搜索、易读好记等特点，这样别人有需求的时候就会立刻想起你，并第一时间来找你。

2. 头像

有可能的话，我们可以找专业拍摄机构给自己拍摄一个很好的个人形象照作为微信头像。头像设置要清晰、真实，而且需要根据你想要打造的个人形象来决定你的个人形象照的着装风格、拍摄风格等。

例如：如果你想要将自己塑造为护肤领域的专家形象，就要有很好的妆容，还要展现出良好的肤质。

如果你想塑造服装搭配专家的形象，就要在服装搭配、色彩搭配、饰品搭配上下功夫，并通过照片向别人很好地展现。

通常，我们的微信推荐使用真人头像，以半身生活照为主，微侧脸，显示清晰的面部是比较好的。如果能展现亲切的笑容，算是一个加分项。

3. 微信号

我们的微信号最好不要设置得太复杂，以好记、好识别、好输入为主，推荐采用全拼音或者拼音 + 数字的方式。当然，也不要搞得太长了。微信号要求不少于6位数，因此设置6～8位数字的微信号就可以了。

4. 个性签名

个性签名在添加别人为好友时会被突出显示出来，其主要作用是对昵称做备注和解释，加深别人对你的了解。所以，一定要抓住个性签名的妙用。但需要注意的是，个性签名一定要积极向上，充满正能量。个性签名中能够充分反映出你所走路线的定位和方向。要求实际，不要说些空洞的话。例如“王军丨资深减肥教练——为每个家庭培养一名健康管理师”这样的个性签名就很好，别人一下子就能了解你的职业特点及个人愿景。

5. 地区

实事求是，你在哪儿就写哪儿，不然就会给人不踏实的感觉，不要为图方便或新奇，就写安道尔、根西岛等。

6. 朋友圈封面

朋友圈封面的布置和头像设置类似。别人一看到你的朋友圈封面，就知道你大概是做什么的。因此，朋友圈的封面可以用相关领域或行业图做底图，然后配上相关行业介绍文字。

7. 好友标签分组

我们微信中的好友，有客户、朋友、亲戚等，有的人需要重点维护，再者我们发布的一些信息，也会有只想给一部分人看或不给一部分人看的时候，这时，给微信好友打标签、分组就很重要了。

好友标签分组有以下几种方法做参考，当然你也可以根据自己的喜好来分，只要能记住其含义就行。

一种是备注分组法，就是给同一个组别的好友都加一个前缀，这样就能形成一个组，例如“同学，刘超”“同学，李洋”或是“北京，张军”“北京，王伟”等。

还有一种是标签分组法，我们可以将微信好友放在同一个标签里进行管理，这样，点开不同的标签，就能看到这个标签下的全部好友。

直播中如何利用“模特”吸粉

近几年，直播在互联网领域的发展正盛。不仅创造了全民直播的盛况，同时越来越多的企业也开始加入直播行列。

许多企业在开展营销活动时，非常注重粉丝归属感的营造。直播平台作为一个品牌和用户交互的平台，粉丝在整个过程中充满了参与感，可以有效增强粉丝对于企业品牌的黏性。

直播对于企业的作用，并不仅是帮助企业品牌广告润物细无声地进行传播，更重要的是通过社交朋友圈的传播达到迅速裂变。在这样的裂变中，企业潜在用户不断积累，达到营销变现的目的。显而易见，直播营销渠道是构建私域流量较好的渠道之一。

直播吸粉有很多技巧，上一章中的“直播间引流”我们已经有过介绍，这里我们主要介绍用“模特”吸粉的小技巧。

所谓“模特”，就是主播，除自己有资源外，还有就是和一些知名主播合作，或者是培养新网红，利用微信作连接，将粉丝导入自己的私域流量池。

一家做保温杯的企业就曾经注册了上百个微信号，分给上百名主播使用，这些主播账号分散在抖音、淘宝、映客等不同平台上，但他们直播时都有意介绍将粉丝导入企业提供的微信号中，这样，企业的微信号就让不同平台上的主播紧密联系了起来，那些原本松散的主播连成了一个整体。

后来因为导入的粉丝过多，主播忙不过来，企业又推出了统一的“主播助理”微信号，用以筛选用户，安排粉丝见面会等活动。主播忙不过来时，一句“有事可以找我的助理”，就能轻松将粉丝导入“主播助理”微信号。“主播助理”于是成了公司连接主播和粉丝的纽带。这样，不同主播的粉丝虽然不在同一个微信号上，但“主播助理”却可以同时让他们帮自己做同一件事。

这样，企业的粉丝越来越多，不仅卖自己的保温杯，很多其他行业的企业也慕名上门，请求与它合作，让它联合主播帮自己销售产品。

可见，在直播盛行的时代，“模特”就成了流量的催化剂。如果联合知名主播成本太高，也可以自己培养新主播，即便是小网红，只要人数多，也能取得不错的效果。反过来，粉丝聚集起来以后，他们也可以帮一个主播在直播时带来持续稳定的流量。点燃平台流量，甚至捧红新“模特”，形成一个良性循环。所以，我们要懂得利用“模特”去开放平台吸引流量，把平台流量沉淀在自己的微信号中。

如何创造满足用户需求的内容

商界有一句话“满足客户需求，为客户服务是企业存在的唯一理由”。这是至理，因为所有企业的收入都是从客户那里来的，如果不能满足客户的需求，不能打通客户的价值体系，企业也就创造不了收入。

企业与客户的关系可以这样来理解：企业的所有产品和服务都应该是为客户服务的，而且是要为客户创造价值的。

我们如果采用自建账号，以内容产出引流，那我们就需要创造满足用户需求的内容。说再直白一点，就是商家要去成就用户，帮助用户完成需求，在这个帮助用户的过程中再来成就自己。也就是说商家要做“雷锋”，要认认真真地去帮助用户，满足他们的需求。

我们在社交平台上发布的内容，图片、文字、动画、视频等方式可以自由组合，来传达商家所要呈现的信息，拉近与用户的距离，但这些都还是理论性的东西，大家都会用。那又怎样才能让我们在众多竞争对手的同类信息中脱颖而出呢？很关键的一点就看我们的内容建设能不能满足用户的需求了。

1. 最好是要有原创内容

产出内容时，你原创的内容，跟那些你抄袭的、搬运的、拼接的内容，给用户的感觉是完全不一样的，给用户带来的信任感也不一样。

当然，如果是抄袭的内容，你还要承担侵犯别人知识产权的风险，有时会面临很大的经济赔付压力。

2. 内容要有专业度和优质度

用户对你的信任，肯定来自对内容的肯定。而要想用户对内容有肯定态度，那你的内容就必须专业，要有深度。你的内容是不是干货，将直接决定你带来的流量是大还是小。内容产出中的铁律就是，只有有专业度和优质度的内容才能为用户解决问题，最大限度地为你带来流量。

当然，一个好的内容是需要功底的。但你要知道，一旦你的内容成了经典，你就成了别人的典范。

现在，有的消费者通过互联网得到的信息，并不能很好地支持自己的购物决策。用户最希望的是放在一些具体的场景中，有专人进行讲解才能有更深入的了解。例如，买化妆品，用户很难知道一款化妆品适不适合自己，商家就可以通过短视频的方式现场演示给用户看，并配上专业的讲解，这就让用户的了解很直观了，对于他们的购物决策十分有帮助。

现在在社交媒体平台上不断涌现的超级 IP，分析他们输出的内容，也无一不是具有专业知识的。例如，读书读得好的樊登读书会，讲故事讲得好的凯叔讲故事，讲星座知识讲得好的同道大叔，等等。

所以，不管引流的是个人，还是企业，我们要想通过内容输出最大限度地引流，那就一定要给读者或观者专业的知识，以此去影响更多用户的认知。

3. 内容要能引领美好的生活方式

如果我们的内容能够“贩卖”生活方式，那是非常好的。在内容的输出关系中，输出者是主角，主角和用户之间就应该是一种引领关系，我们要懂得用内容引领用户过上美好生活。

“90后”古风美食主播李子柒为什么会火？其实有很大一部分原因就在于她代表了一种美好的生活方式。她日出而作，日落而息；三月桃花开，采来桃花酿成酒；五月樱桃季，开始酿樱桃酒、煨樱桃酱、烘樱桃干；从手工造纸，养蚕缫丝，再到制作各种家居物件的视频没有一点城市气息，有的只是农村的烟火气和恬静的田园气，让人无限向往。

当然，美好的生活并没有统一的标准，引领的原则无非就在于激起用户的共鸣，可以是李子柒般的田园生活，也可以是和家人在一起的温馨场面，或者是做自己喜欢的工作、积极向上的生活态度、热爱学习、变得更美丽等。美好是稀缺的，每一个人都希望得到美好，这就是我们要在私域流量里“贩卖”美好的理由。

4. 内容要能连接用户

我们做内容输出，内容就好像是花粉，用户就好比蜜蜂。要想收获蜂蜜，就要懂得先去种什么样的花，然后把蜜蜂喂饱才行。

通常，要让内容连接用户，我们就要思考以下几点：

（1）你的用户是谁，是大众，还是小众？这一点我们在“如何为你的用户画像”一节已经讲过了。

（2）你要做什么样的内容才能连接上他们?

（3）你的用户在追求什么？逃避什么？焦虑什么？迷茫什么?

（4）你的内容是不是对用户的胃口?

（5）你的内容能不能让用户看得懂？不要前面一说到内容要有专业性，就说些用户听不懂的名词，那样也不行，我们一定要用通俗易懂的话语把专业的东西表达出来。

（6）你的内容跟用户有没有关系？如果没有，就放弃，去寻找有关系的内容。

（7）你的内容能不能为用户创造美好的体验?

因此，我们一定不能盲目地去产出内容。在产出内容前，我们首先要判定这个内容符不符合用户需求。如果你是卖牛奶的，那你就要明白用户的需求可能是天然、无污染、新鲜等，那你的内容就一定要围绕这些元素来打磨。

如何让用户主动来找你

我们输出内容，吸引流量，网络上也有很多方法，不过这样带来的只是泛流量，就是我们不能确定其中哪些是精准流量，而如果我们能让用户主动来找自己，那这样主动找来的流量则一定是精准流量。

这就好比一个做房产中介的，其通过电话销售的对象并不一定是有真实交易意愿的用户，而那些上门的用户，则一定是有交易意愿的。

这时我们就要思考：用户来找我们的前提是什么？

这里面，我们肯定要向用户传达出的信息就是：我们是谁？我们是做什么的？我们代表什么？我们在自己的领域做得怎么样？只有用户充分了解了这些信息，用户才会主动来找你。

所以，现在各企业、商家在社交媒体平台上做传播，无论是在微信朋友圈、微信公众号，还是在头条号、百家号、微博、网易号、搜狐号中，其核心都是为了获取关注，赢得认同。

这里面有一个传播链条：传播—识别—记忆—互动—熟悉—信任—转化—购买。也就是说当你和用户产生交集时，用户一定是首先知道你是谁，在做什么，然后才会与自己的需求匹配，如果双方有共同的利益点，他又发现你做得很专业，有很好的体验感，他才会慢慢记住你，并对你产生信任，最后产生交易行为。这就是内容营销的逻辑。

因此，做内容的绝不是什么内容都可以发，也不是什么火就发什么，关键是要把自己的行业、品牌、产品、服务等方面的信息，以用户喜闻乐见的方式发送给用户。

当然，现在是一个信息泛滥的时代，你内容做得再好，发送出去也可能被淹没在各路内容的大海里。这时候，我们就要学会“标签为王，内容为后”的秘诀了。也就是说内容固然重要，但它却不能提高内容传播的效率。要让内容高效传播，我们就要借助“标签”。所谓标签，就是你要告诉用户的你的特征，即你是谁，你做什么，你做得怎么样？

怎么做呢？我们可以不和别人去拼文案，我们要的是输出有真情实感的内容，同时内容中要包含 IP 记忆点。

2019 年 11 月，家居行业知名品牌顶固邀请水木年华出镜，传唱经典歌曲《一生有你》。《一生有你》是水木年华的经典，也是一代人的共同记忆，本身就是一个 IP。歌曲内容的主题“陪伴”，正是顶固要传达的品质诉求。

这曲 MV 整体风格朴实，没有华丽的辞藻和酷炫的画面，有的只是顶固上至董事长，下至普通员工动情投入的演唱，但却很好地表现了顶固一直坚守良好品质和服务的理念。

因为当时又正值与歌曲同名的电影《一生有你》上演，再加上水木年华出镜，就为用户打造了一连串的《一生有你》IP 记忆点，收到了很好的传播效果。

在这个信息泛滥的时代，用户根本记不住太多的内容。因此我们一定要打造 IP 记忆点，重复去传播 IP 记忆点。人们可以很容易地记住 IP 记忆点，但却不容易记住一篇长篇大论的内容，而记住了 IP 记忆点，用户就能知晓我们的标签，继而走向熟悉—信任—购买。从引流的方向上来说，人们也会追踪这些 IP 记忆点，直到找到内容的输出者，然后主动要求和输出主体连接，主动成为你的好友。

如何让不进店的人加入私域

对于实体门店而言，到店的人要添加微信好友比较容易，但是有一个问题是，进店的人不会很多。而如果我们要添加更多的人，那就一定要关注那些不进店的人。尤其是店铺辐射范围内的人，例如同一个县城，同一个区域（5公里半径）内。

可能有人会说，别人都不进店了，那我怎么添加呢？

其实，办法有很多，只要你舍得花钱圈用户就行。

现在我们要开一个门店，除必要的房租、货款、工资等外，获取流量的预算也必不可少。也就是说，我们要舍得花钱去圈用户，要力争把周边5公里的用户都圈到你的微信个人号中。

对于线下实体店而言，生意不好，有时并不是因为我们的位置不好、产品不好，根本原因还是我们的用户太少。如果没有用户，就谈不上成交，更谈不上有钱可赚。

而假如我们能将不进店的用户都加入私域流量中呢？例如加入5万个用户。再假如我们添加一个不进店用户的成本是5元，这样我们获取5万个用户用了25万元，但做过生意的都知道，如果我们有了5万用户，这花费的25万元已经很便宜了。

这些成本可以用来做什么呢？可以主动出击，给人们送小礼品，可以在人流量集中的地方做活动，可以发起异业联合，给人们送券，甚至还可以花钱购买别人的微信个人号。

给人们送一些小礼品或准备试吃试用产品，是人们比较容易接受的。

例如：你如果销售的是一些食品、生活用品或化妆品等，可以准备一些小规格产品，一边让人们试吃试用的时候现场体验到你的产品品质。如果他们认可你的产品，会主动询问你如何购买产品，此时可以引导他们添加微信好友，或者关注你的微信公众号或小程序。

开在购物中心里的店铺，要想办法把购物中心的管理层撬动，可以做一些活动，尽可能地把整个商场的流量都拿到手。例如在商场内做一场大型展览，多用几个微信号，争取加到几万好友。这样加到的好友，大多数都是比较具有购买力的。

人群聚集的地方是绝佳的场所，可以好好利用。

有一家卖老年保健品的电商，用了一整年时间，专门针对各个城市跳广场舞的大爷大妈，给他们送礼品，吸引他们加自己为好友。这样一年下来，他们甚至加满了 100 多个微信个人号。

餐饮行业的流量充沛。前面我们说的异业联合，和餐饮业联合就是一个很好的主意。

一家卖零食的商家，和餐馆联合，互加好友，同时给就餐的人发放自己的优惠券，结果一年内成交率就达到了 30%。

还有更“不择手段”的。

一个卖珠宝首饰的，专门去各个商场，购买珠宝首饰店铺导购的微信号，将他们微信号中的好友都加为自己的好友，以此获得了成批次的微信好友。

无论怎样，要想将不进店的人加为好友，我们就需要主动出击。能不能有效“打劫”流量，其实已经成了现代企业间的主要竞争方式之一。

如何把握最好的引流时机

不管是线上还是线下，企业、商家引流都需要注意时间的选择。通常来讲，引流效果比较好的时间是下午15：00—17：00，或者晚上20：00—22：00，这两个时间段，是很多用户查看社交平台的时间，当然如果你的群成员中熬夜的比较多，那么时间也可以往后推一点。

而假如是在上午，尤其是在星期一的上午，用户都在忙于工作，忙于坐车的时候，你挑起话题，或者发放福利，那显然是没什么效果的。

我们以微信为例，选择在晚上20：00左右做活动就比较好。因为有统计数据显示，大部分用户会在晚上20：00—22：00这个时间段看朋友圈。如果我们选择在 20：00 开始进行活动引流，就可以让我们第一批种子用户开始刷屏，而种子用户的朋友在看到这些信息后，还可以继续分享刷屏，这就能达到最大的传播效果。

心理学上有个“羊群效应”，说的是在羊群中，总有那么一些出类拔萃的小羊，它们是领头羊，只要它们开始行动，其他羊都会不假思索地群起响应，即使有危险，它们也会全然不顾。“羊群效应”代表着一种从众心理。其实人也是有从众心理的，人们在看朋友圈时，如果看到那么多人在刷同一条微信，我们也会感到好奇，会疑惑“这是什么东西”，或者是既然大家都在刷，那我不刷岂不是错过了什么，于是就会跟着转发分享了。这就是“羊群效应”的体现。

不过，具体的引流时间还需要商家根据自己的行业特性来设定，并不是所有行业都适合选择同样的时间段，有的特殊行业可能在其他时间进行引流效果才会更好。

对做航空业务的商家来说，最好的引流时间就可能是周五下午的 13：00 左右。因为很多消费者有着周末出去旅游的打算，而他们关注相关信息的时间点基本都在周五。这个时候推出活动，效果就是最好的。

对一些做装修的商家来说，最好的引流时机就是周六上午的 9：00，因为用户大多在这个时间考虑装修项目或计划。

以上我们列举的这些时间，其实并不只是适用于引流，也同样适用于我们在社交平台上互动、做活动时利用。在正确的时间段与用户互动，做活动，时间长了，还可以养成用户的习惯，知道该在什么时间有互动、有活动了，这就好比人们每到晚上 19：00，就知道电视台有新闻联播一样。

第六章
私域流量的维护

引流是建构私域流量的第一步，客户关系维护则是建构私域流量的第二步，也是最重要的一步。私域流量是以人为核心的，我们必须想尽一切办法和用户拉近距离，增加他们的信任感。因此，我们必须懂得本章介绍的通用的维护技巧，并一以贯之地施行下去。

私域流量的本质是客户关系维护

我们将用户拉入私域流量池，其实还仅是搭建私域流量的开始。如果说引流的重心是拉新，而现在就要转变观念，要将重心放在客户关系维护上了。

而这一步，才称得上是私域流量的本质。

业界对此有一个名词，叫 SCRM，即社会化客户关系管理，简单点来说就通过客户关系维护，提高客户的转化率、复购率，以此降低企业的营销成本，最大化用户的终身价值。

前面我们说私域流量，提到现在的市场竞争越来越激烈，产品同质化越来越严重，流量的获客成本越来越高昂。当流量从增量转为存量时，我们就要想办法自建“鱼塘”，并且将“流量之鱼”请入自己的“鱼塘”。

但是这里我们要注意，当流量变成存量以后，相当于流量已经固定，我们将它比喻成为一个蛋糕，就相当于这个蛋糕的大小是一定的，当每个企业、个人都在构建私域流量时，大家共同分摊这个蛋糕，如果你的私域流量池大，分得了一块大的蛋糕，就等于别人会分到一块小的蛋糕。这时，如果你不注重客户关系管理，你“鱼塘”里的“鱼”就有可能游走，进入别人的“鱼塘”。而这些“鱼”在别人的“鱼塘”

活得逍遥自在时，还会鼓动更多的“鱼”进入别人的“鱼塘”。

因此，你必须守住自己的“鱼塘”。怎么守呢？就是客户关系管理。

从市场营销的角度来看，我们也应该不要只是盯着有多少“鱼”进入了“鱼塘”，而是要盯住用高成本来获取这些进入“鱼塘”的“鱼”，能不能利用好，让他们有复购、有转化。在商业场中，效率的提升从来都是企业间竞争的主角，怎么来优化转化和提高复购，关键就是用户关系管理，这就是私域流量的关键逻辑。

做好了客户关系管理，用户相信你，愿意看你的朋友圈，知道你在真心关心他，懂他，而不是一个冷血的机器，就代表他们在你的“鱼塘”里很舒服，不但不会轻易跑掉，而且会经常购买你的产品，甚至主动帮助你——为你分享、转发你的各种信息。

那么，真正有价值的客户关系管理流程是怎样的呢？

第一步，是高效地建立客户关系。这一步即我们前面介绍的引流阶段里的，让人在看到社交媒体账号时留下良好的第一印象，微信中的智能小程序名片也可以利用起来，总之让人第一时间知道你是谁？你是做什么的？你做得怎样？让客户第一时间对你产生信任，这样客户才愿意加你为好友，或者是把自己的联系方式留给你。

第二步，持久地维护客户关系。以前，商业场上客户关系的维护比较简单粗暴，都是电话、短信，社交媒体兴起以后，我们就可以很好地以输出内容、和客户互动的方式来连接客户了。

第三步，促进客户关系。以微信私域流量为例，既然我们的客户都在微信里，我们就可以基于微信的营销插件，做一些优惠券、拼团、满减、小游戏等促销活动，以此促进自己和客户之间的关系。

第四步，是达成客户关系。到了这一步，就是成交了。当我们和客户关系达到了强连接，或者是成功吸引到了客户注意以后，成交就成了水到渠成的事了。

私域维护的重点是建立信任

用户为什么要购买我们的产品，用户为什么会成为我们的“死忠粉”，这其中很重要的一点就来源于用户对我们的信任。信任有多重要，看看淘宝总裁蒋凡说的话就知道了：“信任是互联网上产生商业行为的基础。过去的 19 年，阿里巴巴本质上就是在解决信任问题。”

这种信任不是瞬间形成的，而是长期培养出来的。就像在实际生活中，我们信任一个人，那必定是基于长期以来我们对他的了解。而私域的维护，就是能不能让用户信任我们的关键。

今天，大多数企业、商家营销的主阵地已经转移到了各个社交媒体平台上。我们的内容输出，无论是直播、短视频、图文，终极目的还是要获取用户的信任。让用户通过内容慢慢认识我们，并且不断消费我们的内容，如果他们每次或者是多数时候都感觉我们的内容不错，给自己带来了价值，这种信任就会慢慢积累起来。所以信任才是私域流量池维护的核心，任何内容营销的目的都是筛选或培养出具有强信任关系的客户。

IP 营销亦然。以前流量思维中我们总是认为要“收割用户”，其实不对，“收割”来的用户可能只是泛流量，信任感很低，而没有信任感，成交就几乎等于零。因此 IP 营销的真正逻辑是获取用户信任，不要去看表面的阅读量 / 粉丝量，也不要去看文案，而要去关注塑造了多少信任用户。

一家企业做内容营销，但输出的内容杂乱无章，不聚焦，也和行业无关，总是网上什么火就发什么。凭着这些花里胡哨的内容确实吸引了一批用户，但这些用户都是基于猎奇心态来的。而“信任”，可能根本就没有。因为用户会对你做出“不务正业”的评价，一个不务正业的人，又谈何让别人产生信任呢？

所以，我们在客户维护中，一定要注意持续传播给用户带来价值的内容。有三点不仅是引流，在你的客户关系维护中也是始终要向用户强化的，即你是谁？你是做什么的？你做得怎样？高效率的内容营销，始终要围绕这三点来操作，持续地捍卫它，才能让越来越多的人相信你。

如果你运营的是微信群，群成员中那些主动添加你的人（例如用户拉进群里的朋友，经过一段时间后，主动添加你），你一定要重视他们。因为主动添加你的人，就是信任的流量。就微信而言，一个人的朋友圈是自己的私人场所，不太喜欢让不熟悉的人看到，所以他们通常不会主动添加别人。而一旦他们放下戒心，主动添加你了，就在一定程度上表示他们对你有了信任。

信任用户越多，对企业、商家而言就越有利可图。在一个细分行业，有人认为，如果你能获取 10 万个信任流量，就相当于你拥有了 1 亿个粉丝的“势能”，你就足以影响这个细分行业了。从这个角度来说，即便我们是小公司、个人，做不到获取 10 万个信任流量，那哪怕只做到获取 1000 个信任流量，那也是非常可观的“势能”了。这便是我们前面提到过的 1000 个铁杆粉丝理论，当初樊登读书会的创建，就是受这个理论的鼓舞，最终越做越大的。

信任从哪里来？我们以微信为例，介绍一下用户信任的通路：真实、专业、持续地做一件事、真诚、更强人或物的背书、强烈的自信。这里面有些很好理解，例如真实、真诚、专业。更强人或物的背书，举个例子，我们去一家餐厅，当我们看到餐厅墙壁上挂着老板和一些政府要员合影的照片时，我们就会对他产生更多的信任。同样的道理，当我们在微信中展示出和一些大佬的合影时，也是很有说服力的。

满足用户的“四感”需求

很多企业、商家认为自己与用户的关系是利益敌对的，在维护中刻意地将用户看成自己盈利的工具。具有这种思维的企业家、商家，可能永远培养不了自己的“死忠粉”吧，当然也就永远积累不起老客户了。

但是换一种方式，运营者敞开心扉，抱着与用户做朋友的心态，力争用自己的实际行动感化用户，这样用户肯定能感受到我们的真诚，从而与我们的距离由远拉近。

那么，怎么才能感化用户呢？这就要求我们一定要注意用户的“四感”。

所谓用户的“四感”，即存在感、尊重感、参与感和归属感。

参与感，我们在上一节里已经说过了，这里我们重点讲一讲如何满足用户的存在感、尊重感和归属感。

先说存在感。很多时候，我们在社交平台上发布一则状态信息，其实并不是发布信息这个动作本身给了我们存在感，而是别人的积极点赞和转发、热烈评论，使我们感受到自己在别人眼中是真实存在的，我们才会获得存在感。因此，所谓“存在感”，并不是自己做出了动作、发出了声音，而是自己做出动作、发出声音之后能够获得外界的有效回应。这种回应，可以带给人们心理上的满足。

存在感可以说是粉丝最强大的刚需。现在的人们之所以要发朋友圈，其隐藏的心理就是希望有人点赞和评论。当我们看到用户发布了朋友圈以后，如果能够及时出现、经常出现，你一定能让他印象深刻，甚至你会被他当成众多微信好友里最贴心的朋友。

有些做不好微信运营的人通常都会抱怨，自己发布的内容没有人看，没有人评论。要改变这种情况，我们就应该自己或安排员工多去用户的朋友圈，给他们点赞和评论，增强他们的存在感。当他们的存在感被满足以后，他们不来看你的内容，进行评论、点赞，似乎都会觉得不好意思。

点赞、评论只是举手之劳，但对我们私域流量池的运营来说，却是极其重要的一环，切不可等闲视之。

另外，要增加用户的存在感，我们还需要记住用户的姓名或昵称、特征，能够在第一时间喊出他的名字，如果能在用户生日当天为其送上生日祝福，那肯定会令他特别惊喜。还有，要在用户发表评论、发起话题讨论时，第一时间给予回应。这些都是能够提升用户存在感的有效方法。

再说尊重感。我们每个人内心中都渴望得到别人的尊重。企业在运营的时候，也要给予用户足够的尊重感。因此，当用户为企业的发展、产品使用体验提出意见和反馈时，企业一定要更加注重这些意见和反馈，对那些真正对企业发展有帮助的意见和反馈要予以采纳，帮助企业节节高升，而且根据意见和反馈的价值大小给予表扬和相应的奖励；对于那些没有太大价值、没有被采纳的意见和反馈，要给予用户一定的表扬和奖励。

这种方法，一方面，一个企业能够十分中肯地接受并采纳一个企业外部的个体所提出的意见和反馈，充分说明企业对用户的重视程度，可以让用户获得足够的尊重感；另一方面，企业能够满足用户尊重感的同时，还对其进行表扬和奖励，可以充分调动用户积极性，再接再厉，为企业提供更多具有建设性的意见。

最后是归属感。用户之所以愿意成为企业的粉丝，归根结底还是源自一种情感上的认同，让用户感受到企业已经将用户看作自己人。而这种归属感的缔造，需要企业将用户与自身融为一体、与粉丝荣辱与共，比如定期举办活动，为用户送出福利；与用户共同分享企业不为人知的艰辛创业历程……福利和心声，足以让用户感受一股强烈的归属感。

基于这种归属感，用户在日后会为企业“效力”，自己对企业的忠诚也将变得更加坚定。

总而言之，企业要想发展壮大，如何建立企业与用户之间的微妙关系至关重要。能够充分掌握满足用户“四感”的方法，才能与用户成为真正的朋友，用户才更加愿意忠于企业，才更加愿意为企业发展献计献策。在群策群力的作用下，企业发展必将蒸蒸日上。

与用户真诚互动

有很多运营者将用户导入微信群以后，在运营中却渐渐出了问题，主要原因就在于运营者不会互动，没有互动，气氛就没了，就会导致群成员大量流失，原先辛苦引流来的消费者一个个全跑没影了，更别提转化了。

互动是微信群这类社群运营的关键。以下一些大原则是运营者必须考虑的。

1. 了解社群参数

运营者首先要了解你组建的社群的各个参数，例如你的社群有多少人，他们是什么头像，社群又是什么性质，群成员进退群的时间数据等。这些信息都可以通过各社交平台的群管理工具或在群内调查实现。

毕竟每个行业的群不一样，群用户的喜好也不一样，我们就必须根据这些群数据去找到群用户喜欢的话题，策划合适的活动，才能带动和群成员间的互动。

2. 发起话题，挑起互动

运营者需要有发起话题，挑起互动的能力。从话题上来说，运营者觉得美的东西都可以拿来分享，记住一定要是美的东西。其实人是视觉动物，对美的东西自然会产生兴趣。

运营者不要老是把注意力放在产品销售上，你要思考自己的群成员的年龄阶层、生活状态、工作情况，他们是一群什么样的人，然后针对这些特征去做话题的互动。

举个例子，一个做母婴商品的人组建了一个社群，群成员大多是宝妈，那么他就可以抛出一些全职带孩子、宝妈的梦想，或者说在带孩子的过程中会遇到什么问题，怎么解决这样的话题。因为这些话题都是群成员较为关心的，互动效果就会很明显。

3. 策划活动，做好互动

策划一些好的活动是让一个社群良性互动比较好的方式。不过，策划活动前我们一定要做好定位和构思，了解用户属性，例如面向哪些人群，设置什么奖品、优惠券等。

在活动前，还可以进行全方位的预热推广，多媒体拉人。对于有线下店铺的商家来说，还可以利用更多的资源，例如在店铺显眼处印上活动信息，店铺工作人员也可以对顾客进行推广。

社群互动活动的方式有很多，猜谜类的有疯狂猜图、猜电影、猜歌名等；中奖类有刮刮卡、大转盘等；答题类有选择题、问卷调查等。无论哪种方式，都要让用户采用选择的方式来参与，用户只需要输入简单的数字或字母即可参加，以此提升活动的灵活性。

活动结束后，商家要做好活动数据统计，记录活动参与人数、成员活跃情况、中奖信息等，为下一次发起活动做好准备。

做到了以上几点，社群的互动性基本就能充分带动起来。而有了互动，社群才不会让群成员感觉死气沉沉，甚至会让你的社群越传越广，吸引更多的用户加入社群中来。

全流程梳理用户触点

从营销层面上来讲，客户选择一个产品或服务，无非来源于理性和感性两种因素。理性因素，就是客户会考虑产品、服务的价格、质量，这一点在同质化越来越严重的当下，各个企业间的产品其实差距已经很小；而感性因素则是指企业的服务品质、互动体验等带给客户的感受，这一点各个企业的差距却很大，而且也很难被复制。结果不言而喻，那些能给客户带来更好服务品质、互动体验的产品或服务，肯定更受消费者欢迎。

当企业认识到感性因素的重要性以后，开始建立起 CRM 等管理系统，重点开展对客户的关怀和增加客户体验的好感。只不过，现在很多 CRM 系统还只用于企业内部的市场、营销和客服等部门，还没有解决企业和客户之间实际互动的问题。

要留住客户的心，就要增强企业和客户互动体验的效果，这就涉及触点管理了。所谓触点管理，就是保证我们在与用户接触的每一个点上，都能让用户感觉无限美好。

相信很多人都有这样一种经历。当兴冲冲地去商店购买某种商品时，到店后却因为销售员的态度、商品的摆放、商店环境的脏乱而让购买兴致大打折扣，甚至放弃购买。这便是我们产生了不好的触点体验。

在私域流量池的客户关系维护中，我们同样要注意客户的触点管理。我们所有的互动，都应该深入了解用户的触点，也就是要分析并梳理出我们所有与用户接触的点，并以此为基础来优化用户体验。

用户运营会产生很多触点，比如你说话的语气、你轮播的视频、你的宣传文案、你直播时的形象，这些都是客户在你这里的触点。这些触点非常重要，每一个都关系到客户的体验，因此你必须好好规划：

我们在怎样的场景下可以触达客户？

我们触达的客户具有怎样的特征？

我们的形象会带给客户较好的印象吗？

客户能在和我们接触时收获什么？

在一些触点中，我们想要达到什么样的目的？

我们的促销策略能不能打动客户？

客户触点中的价格和价值感是不是匹配的？

……

接着，你可以将所有可能的触点一一列举出来，当你这样做的时候，你会发现其实很多触点你很快就能找到解决方案，接下来就剩下“执行”了。

以微信公众号为例，读者体验公众号的大致流程无非是：打开微信—点开订阅号列表—在列表中打开公众号—点开图文—关闭或阅读—关闭或转发。这时，我们就能找到我们与读者的触点了，它包括：

我们的公众号名字的定位是不是清晰？

我们的头像是不是符合定位？

我们的推文标题是不是简单易懂、直入人心？

我们的封面图有没有自己的特色？

我们的推送时间是不是规律？

我们的内容是否优质？

……

所以，我们要全流程梳理客户触点，认真分析客户体验的每一个环节，坚持在任何触点上都带给客户最好的体验，使我们与客户的每一次交流都成为愉快的、美妙的经历。

微信个人号本身就有着丰富、高频的触点，在这个私域流量池里，我们需要主动接触客户，让他们感知到自己在你那的“特权”，体会到你的诚意，他们自然就会产生购买和复购欲望。你要记住，触点管理的最好效果就是，不是你去说服客户，而是他们自己说服自己。

第七章
私域流量维护实战技巧

经营用户，并不是简单的一句话的事。经营用户的目的是连接用户、筛选用户，为销售转化铺路搭桥。在这个过程中，我们要有温度，有情感，要让用户感觉到我们的真诚，把我们看成最好的好友。所有这些，如果没有好的方法和技巧助力，就可能事倍功半。

如何在微信里和客户得体的沟通

沟通，是我们在私域流量池中维护客户的基本功，尤其是在微信中，得体地沟通必不可少。

1. 初次添加的自我介绍

我们在微信中添加好友，当对方通过以后，我们就需要及时做一下自我介绍。在交际学上有一个三分钟效应，说的是人与人初次见面时，最开始的三分钟是最为关键的，给别人留下的印象也最为深刻。微信里也是，刚添加上好友的那三分钟，堪称“黄金三分钟”，我们切不可错过。

这里面，如果是以前和我们有过交集的人，那我们只需打个招呼就行。如果是完全陌生的人，那就要准备好做一个得体的自我介绍了，自我介绍简明扼要，不卑不亢即可。通常自我介绍的结构是：我是谁＋我能提供什么价值＋礼节性的寒暄，例如下面这样：

您好！很高兴能够添加您为好友。我在这里做一个简单的自我介绍，我叫XX（真名），有10年互联网营销经验，现在主要致力于帮助企业、商家和个人构建私域流量，近一年来累计有500+用户付费向我学习。希望我们能有机会合作，祝您生活愉快，万事如意！

有时，为了自我介绍得更好，我们可以在添加对方为好友以后，快速地浏览一下对方的朋友圈，简单了解一下对方，如果能找到一些交集，那就再好不过了，我们可以以此为切入点，使双方的关系变得熟络起来。这个虽然有难度，但效果往往很好。

如果添加的人多，你还可以储存几个版本的自我介绍话术，添加不同的人时可以拿出来直接发送给对方。

此外，不仅添加别人时我们要做自我介绍，在被添加时我们也不能少了自我介绍，最好主动提出让对方将你的介绍信息保存在“信息备注”里，对方要是发来个人介绍信息，我们也要随时做好备注。

2. 一对一沟通的注意事项

第一，我们一定要拿出诚意，不要将同一个文案群发给好友，这样你方便了，却会让别人觉得你没有诚意可言。因此，我们最好不要群发，即使是同一个文案，也最好适当修改以后单独发送。

第二，不能无缘无故地骚扰别人，那样只会增加别人的反感，费力不讨好。

第三，我们如果向客户请教，或是在节日问候、生日问候时，不妨给对方发个红包，红包不用太大，表示心意即可，这样必定能给对方留下不错的印象。

第四，用户在朋友圈发布的信息，我们要及时点赞、评论，但也要注意，不是所有内容都适合点赞、评论，如果对方发布的是不太好的消息，那就不能点赞了，而评论时也不能将负面评价带给对方，要尽量选好的话来说。

第五，不要过于频繁地使用集赞、求人转发的方式，这些方式偶尔用一下即可，如果用得太频繁，也会让人反感的。

3. 做好与微信群的连接

一个优质的微信群，必定有着共同的价值观、共同的利益以及大家都有交集的事。因此运营微信群时，一定要输出有价值的信息，争取和群友们打成一片。如果你能将自己打造成你们那个领域的专家，再加上你的真情实感，你一定会打动很多用户。

如何做好与用户的互动活动

我们做私域流量，活动是商家与用户之间非常重要的沟通方式。

在流量运营中，有一个经常被人们提起的公式，即销售额＝流量 × 转化率 × 客单价 × 复购率。这里，好的活动可以吸引用户的广泛参与，相当于提高了流量，同时用户在活动过程中，例如一些促销活动，也可以大大提升商家的转化率，复购率也是一样。所以对于销售额来说，好的活动可以同时提高几个参数，那么我们最终的销售额也可以大大提高。

活动的形式很多，不一而足，像中国锦鲤、互动小测试等，或者幸运抽奖、大转盘，以及商家的优惠、打折、送券都是，但无论哪种活动，商家的目的都是快速提升流量、销售额等相关指标。

2018 年世界杯之前，“华帝”这个品牌可能很多人都不知道，但是世界杯之后，“华帝”却几乎“人尽皆知”。究其原因，就是华帝搞了一个“法国队夺冠，华帝退全款”的活动营销。

在世界杯期间，尤其是法国队夺冠的当天，华帝的微信指数暴涨数百倍，同时它还霸占着微博的热搜。

这次世界杯法国队确实夺冠了，华帝也履行了退全款的承诺。但不要以为华帝做了赔本买卖，事实上，华帝却成就了一笔大赚的账。

活动期间，华帝申明，只要购买华帝指定商品并且参与“法国队夺冠，华帝退全款”的消费者，都可以享受免单福利。活动结束后，华帝统计要退给消费者的金额为约 7900 万元。

但这里还有另一组数据，活动期间，华帝线下的销售总额约 7 亿元，而活动商品只占到了 7%，其线上的销售额约为 3 亿元，活动商品也只占到了约 10%。也就是说，因为本次活动的影响，华帝售出的大部分商品其实并不属于活动商品，不在退款的范畴之内。

这样算下来，华帝因为活动带来的销售增长，其实完全可以覆盖活动退款的支出，并且还有结余。网络上有好事者还曾给华帝算了一笔账，以它销售同比增长 25% 来计，再扣除毛利率，华帝其实赚了 2500 万元。

不要忘了，华帝因为这次活动，品牌认知度和粉丝群都呈现几何级增长，这对它后市的发展也是至关重要的，华帝完全可以收获这次活动带来的更多利润。

这就是活动的力量。我们几乎可以说，做好活动，就是企业、商

家营销的一柄“利器”。

那么，活动具体怎么做呢？有这么几个原则：

1. 确定活动目标、时间

每一次活动，我们都要有一个目标，是为拉新，还是提升老客户的复购率。同时要明确活动的时间，要让用户知道我们的活动会从什么时候开始，什么时候结束。

2. 进行市场调研

我们所有的活动都不应该是盲目的，在规划一个活动前，就要事先了解用户属性，进行相关的市场调研，并进行全方位的预热推广，微信、微博、抖音，甚至线下广告，都可以成为我们为活动预热的窗口。

3. 引导参与

活动运营期间，商家最好组织专门的人员在后台记录和解答用户的问题，并且引导用户积极参与活动。也可以通过社交平台的自定义回复接口不断推送活动参与说明，以便关注活动的用户能够快速参与。

4. 利益驱动或者好玩驱动

用户为什么来参与我们的活动？说白了无非就是两点：一是有利益可沾。例如华帝的活动，活动涉及金额，最高可以退5000元，用户就存有购买商品后能够得到实惠的心理，这就有了参与热情。二是活动本身好玩。我们还是以华帝的活动举例。这个活动与一个未知的结果联系在了一起，很有悬念，就好比在玩一个大型游戏一样，能够激发用户的参与感。

5. 节日营销

每个节日，商家可以推出一些颇有时效性的活动。就像“双十一”购物节一样。有时，商家也可以将节日和一些热门事件结合起来，比如“微信晒罚单送祝福”这样有创意的活动就很值得借鉴。

可见，企业、商家做活动，绝不是简单地为了热闹，而是围绕一定的目的、流程来打造的。活动，不过是一种屡试不爽的载体罢了。

如何做好微信群运营

相信有很多做过微信群的企业、商家都有过运营微信群失败的经历，例如，辛辛苦苦建立起来的微信群，到最后却变成了一个广告群，或者是渐渐就成了死群，这是大多数微信群的通病。

现在我们讲社群营销，微信群也算是社群的一种。通常而言，一个社群要保持稳定，有三个要素是我们必须注意的，那就是：共同的利益、共同的价值观、共同关注的事件。

因此，我们运营微信群，首先要避免的就是一心想去卖产品，这是一个务必要更改的观念，我们要将重点放在如何给群成员带来价值，为用户赋能上。

想一想，为什么像“家人群”“战友群”这样的微信群，群成员的关系很牢靠？关键就是群成员有“共同的利益”，我们运营微信群也要注意塑造你与群成员“共同的利益”，有了这层共同的利益基础，你的微信群哪怕冷冷清清，但一点也不会影响用户的黏性。

这是大的原则。具体到实际操作上，我们可以采用如下方式进行：

1. 设置微信群进入门槛

对于群流量，我们千万不要贪多，任何人进来都不加以阻拦。相反，每一个微信群我们都要设置进入门槛，这个门槛可以是入群费，或是有没有共同的价值观、共同的利益、共同关注某件事等。

有了这些门槛，我们才能保证进群的人能聊到同一个话题，不会有“鸡同鸭讲”的情况发生。这个门槛就相当于是给群成员说话、做事的一种自我约束，有了这层约束，有些群规甚至都可以省了。

2. 群主是灵魂，要做群的赋能者

一个微信群群主，既是群的构建者，也是群的管理者。因此群主不要随便就出来破坏群的氛围。想想看，假如一个群主三天两头在群里推销自己的产品，其他群成员见此，也少不得会出来打广告、卖货，这样下去，群就慢慢变成广告群了。

群主要将群成员的利益考虑在先，这样群成员才会自发地维护群利益。心理学上有个“破窗效应”，说的是在一个群体中，人们的行为其实是趋向一致的，如果有人破坏了群规则而没有被处理，那就会有越来越多的人破坏群规则；相反，如果这个群体总是没有人破坏群规模，那就越没有人会敢出来破坏群规则。微信群的运营当然也遵循着“破窗效应”的规律。

3. 在微信群里持续带给用户价值

人天生是逐利的，群主的终极目的当然也是成交。但是，成交不是简单粗暴地获取，而是要懂得用价值去交换。你要想追逐更多利益，就要为群成员输出更大价值，这是一个等比的关系。因此我们要好好分析一下：我们做这个群想要的价值是什么？群成员要的价值是什么？两者的匹配是不是合理？

只要群主和群成员的价值匹配是合理的，且群主能持续地为群成员提供价值，那这个微信群就是有生命力的。

一家房地产企业于2015年建立了一个微信群，其初衷是和客户就购房后的各种问题进行沟通。在这个群里，企业要求自己的员工不能反驳用户，所有的事情都可以拿来讨论，从讨论中找到用户更多的真实需求，再通过这些需求创造服务内容，规划产品。这就满足了用户的“四感”需求，群氛围逐渐形成了。

之后，这家企业把自己的美好梦想——“一起构建桃花源”告知用户，并且将这个梦想体现在每一件具体的小事情上。每天，群主发布的都是这些和双方“美好生活”价值观相符合的内容，例如处理了停车难问题，改善了垃圾站环境等。

以价值观为引导，这家企业在微信群中就将自己和群成员紧密联系在了一起。

接着，企业在微信群中建立起了一些规则。这些规则不是企业单方面制订的，而是群成员一起讨论，并在实践过程中不断完善形成的。这些规则很详细，例如，养犬公约、访客守则、物业收费管理规定等。新的业主进群，必须同意这些规则。

企业新发现的问题和建议，都会随时发到群里，让大家讨论。

为了进一步激发群成员的参与感，企业还不定期地举办了很多活动，例如爱狗节、音乐夏令营、暑期游学等。只要是符合双方价值观的，就不拘形式，企业也不遗余力。

就这样，企业的群逐渐形成了一个共同体，大家是利益共同体，又是情感共同体、精神共同体，群也变得生机勃勃。

这家企业运营微信群的做法很值得我们借鉴。我们可以将其分成几步：第一步，主动搭建——营造氛围，形成种子用户；第二步：明确价值观，塑造群成员的认同感；第三步：制定规则——双方共同讨论，完善规则；第四步：广泛激发参与感；第五步：形成利益共同体、情感共同体、精神共同体。

如何活跃社群氛围

在微信群、QQ 群中，我们如何判断一个社群的质量，活跃度必定是其中一个重要的标准。

社群越活跃，代表客户的参与度越高，大家也越认同运营者的理念及商品，反之，一个没人发言的群，或是群主说了话没有反应的群，和死群已经无异了。

一个社群活不活跃，是这个社群能不能留存下去的根本。一个社群即便人数不多，但只要有足够的活跃度，那它就会像变形虫一样，裂变得不可想象。

那么如何增加社群的活跃度呢?

1. 优秀的话术

社群要活跃，社群的管理者有没有优秀的话术是个很重要的标准。一套优秀的社群运营话术通常包括以下这些方面:

一是入群的欢迎语。当有新成员入群时，群管理者就要第一时间让新进者明白这是个什么群，这个群存在的目的是什么，这个群有什么规则以及以后他能在群里获得什么。这一点至关重要。因为如果新进者进群后，没有及时的话术引导和激励，两眼一抹黑，一旦这种情况超过了 3 分钟，那用户就会很有可能选择退群；即便不退，对这个群的注意力也很难找回来了。

二是产生内容的话术。群管理者对于发布的内容要精准，同时要能增加新成员的融入感和社群的互动率。

三是布置任务的话术。群管理者可以对发布的内容做一引起总结、预告下一次发布信息的内容等。

2. 活用社群福利

现在很多社交平台都会有一些游戏、活动功能，群管理者可以很好地利用这些社群福利，例如红包、奖品、团购、优惠券等，这些福利就好像人们餐前的开胃小菜，是活跃气氛的很好方式。

现在很多人会对微信群设置消息免打扰，单纯地发放红包可能不会有很多人看到，这时候我们还可以利用微信的 @ 所有人的功能，这样大家都能收到消息，再有了前面的发放红包做铺垫，社群就相当于被慢慢预热了。

3. 策划活动

无论是增加互动率，还是增加活跃度，活动都是一个不错的选择，商家可以利用抽奖、转发行业大号的观点或者软文、抛出相对争议的话题、私聊、精彩内容、投票，分享资料等来增加活跃度。建议定期举行热点话题的讨论，有奖转发，联合第三方做留言如献爱心活动。

4. 加快联系频率

商家和用户的联系频率就代表了你们之间的关系，关系很深厚的话，你推荐给他产品他就很容易接受。拿微信公众号来说，在联系频率增加的状况下，我们的信息到达率可以达到100%，营销信息的打开率可以达到42%，而每100个访客就可能会有12人下单购买。

5. 温馨提示

通过社交平台的一些功能，商家可以向用户发出提醒。举例来说，如果你是化妆品企业，你不仅可以根据季节和用户所在的地域发送相应的护肤提醒，还可以根据用户的具体肤质进行分组，如缩毛孔、祛痘等，然后再根据这些关键词发送相应的信息。

总之，社群的活跃度考验的是商家与用户关系的强与弱，也决定着社群的未来，任何商家都不应等闲视之，只有多个维度结合，保障了社群的活跃度，我们才能与群成员之间产生更紧密的联系，并带来更高的转化率。

如何给用户制造惊喜

在现代营销学中，口碑的传播对于企业、商家而言至关重要。那么，实现口碑传播的基础是什么？是超预期。

海底捞的服务很有特色。顾客去海底捞吃饭，西瓜没有吃完，问服务员能不能将西瓜打包，服务员说不行。结果结账的时候，服务员直接给顾客拎来一整个西瓜，并告诉顾客："切开的西瓜不卫生，您要打包的话，送您一整个西瓜。"顾客立即就有了一种超预期的感觉。所以海底捞的口碑才会爆棚，而口碑的核心就是超预期，就是给用户以各种惊喜。

"股神"巴菲特曾经说过一句话："能让客户感到惊喜的企业相当于拥有了一个免费的销售团队，你看不见他们，但他们却无时无刻不在替你宣传。"

做私域流量也是如此，我们不仅要满足用户的需求，更重要的是要全方位地给用户制造惊喜。商家通过微信、微博、抖音平台给用户制造了惊喜，用户瞬间就可以将商家信息转发出去，帮商家宣传。从另一个层面来说，给用户制造惊喜，也是商家将用户的朋友导入自己私域流量的绝佳途径。

用户的惊喜感从哪里来？其实惊喜感就是用户的一种兴奋性需求。这里，除提供给用户出乎意料的产品外，出乎意料的服务更是必不可少的，当商家的产品或服务超出了用户的预期后，用户就会对商家非常满意，从而提高用户的忠诚度。

例如我们的产品，死磕细节，用满足资深用户的心态来满足小白用户就很重要。

第一个践行“社交音乐”的网易云音乐，在推出时将每首歌曲的信息、封面都做得很完善。而当时的音乐产品，一般都只有歌名、歌手，网易音乐在细节上一点不含糊，就超出了很多用户的预期。

我们的服务也是一样。现在，常规的服务可以说已经很难打动消费者了，所以我们应该拿出海底捞一般的服务态度，让用户感觉温暖、惊喜，这样才能打动消费者。

再者，我们要想办法引发用户情感。在制造惊喜的方式上，跟风并不一定可取，我们还是要树立起自己的形象，是文艺情节，还是“90后”的情怀，你要根据自己的特色来打造，然后把它精彩地演绎出来。

制作话题也是一种方式。但是话题的制作一定不要因为博取用户眼球而站在负面的一方，例如突然娱乐圈有谁出轨成了热点，借势话题就一定要小心，稍不注意就可能引发用户的不满。所以千万不能跟消费者唱反调，我们要站在正义的一方。

雕爷牛腩就很会制作话题，他说在开业前内部封测时，请了很多京城明星、一线大咖去试吃，引爆了消费者情绪，也算是制造了一个惊喜。

还有，商家做一些让利、优惠的活动也是给用户制造惊喜的方式。但是无论何种方式，我们的目的都是要给消费者制造惊喜，而且要持久地为消费者制造惊喜。好了，现在我们可以想一想，你到底给了用户多少惊喜?

如何实实在在的解决用户的难题

无论是传统商家，还是现在的电商，客户于商家而言都是第一位的。在社交营销之前的时代，用户有了问题很难与商家进行即时的沟通，因为没有社交平台，用户要么对一些问题听之任之，要么拨打商家的客服电话进行咨询。但要知道，以前一些中小商家是没有客服这个职位的，这样一来，用户与商家之间，问题的协商和解决就成了一个障碍。传统电商虽然设置有客服，但也仅能解决用户一些粗浅的问题，做不到商家亲临现场并有人讲解，更做不到解决问题后，让用户自发的互动式分享传播了。而这些痛点，在社交营销中却迎刃而解。

社交营销是基于用户关系链来进行交易的营销行为，这不仅解决了传统电商难以解决的信任问题，也能实实在在地解决了用户难题。

例如有的消费者通过互联网得到的信息，并不能很好地支持自己的购物决策。用户最希望的是放在一些具体的场景中，有专人进行讲解才能有更深入地了解。例如买化妆品，用户很难知道一款化妆品适不适合自己，商家就可以通过短视频的方式现场演示给用户看，并配上专业的讲解，这就让用户的了解很直观了，对于他们的购物决策十分有帮助。

尤其是直播，它呈现的场景、效果都是真实的。一般而言，用户购买大件商品，例如家电、家居时，往往会有很多问题。平常用户去线下门店选购这些商品时，都需要听导购员的耐心讲解才能做出决定。而直播就可以带给用户类似的体验。商家可以一边向用户展示商品，一边即时回答用户提出的各种问题。

由此可以看出，社交营销有着传统营销无可比拟的解决用户难题的优势，而商家要做的就是实实在在地解决用户提出的各种问题。

商家首先要学会收集用户关注最多的问题。有的问题可能很多用户都有疑惑，商家对此一定要引起重视，然后给出一个用户满意的答案。用户的问题解决以后，用户会产生被尊重感，很容易就会产生转发，转发以后用户的朋友又会看到，如果用户的朋友感兴趣，他们也会关注商家，加入商家的社群，这就等于商家利用强关系实现了分享式推广。

其次要及时回复用户的各种问题。每个人都有感情，每个人又都希望引起别人的重视，所以对于用户的问题商家一定要及时回复，这一方面能解答用户提出的问题；另一方面又能让用户有受到足够重视之感，对提升用户对商家的信任度很有帮助。

对于用户的难题，尤其是用户不知道如何决策时，商家切不可自顾自地怂恿用户购买自家的商品，而是要放在有代入感的场景中，给用户提供专业的建议，让用户明智地来选择产品。其实，只要我们提供了让用户满意的建议，而且我们有相应的商品，用户购买我们商品的可能性就会很大。

私域流量的营销，归根结底是做人的营销。没有人希望自己的问题被商家搁置，实实在在地解决用户难题，商家就等于把自己推销了出去，取得了用户的信任，接下来发生转化就是很轻松的事情了。

如何与用户线下互动

随着互联网、移动互联网技术的发展和逐渐普及，人们在网络上停留的时间越来越长，线下活动时间则越来越少。营销活动也逐渐从传统的线下走到线上，数字化营销、社交营销也成为这个时代的主流。尽管当前网络营销发展势头迅猛，但只有线上营销，缺乏线下互动，终究会让用户感觉自己好像是虚拟的存在。

因此线下互动不可或缺。正所谓“线上聊天一百次，不如线下见一面”。通过互联网、移动互联网的连接，企业很容易将具有相同价值观的人聚集在一起。但如果没有线下互动的机会，彼此很难产生信赖。

在当前信息泛滥的时代，如果人们一周看不到有关企业的任何消息，那么企业就容易从人们的视线乃至脑海中逐渐淡化，甚至被人们遗忘。而定期组织线下活动，则使得企业能够从高高在上的位置走下来，走进用户当中，更加平易近人地与用户接触，有效拉近企业与用户之间的距离，让用户更好地爱上企业，成为企业不离不弃的追随者。

因此，在认识到线下见面对于拉近企业与群用户之间距离的重要性之后，很多企业开展线下活动，内容大多聚焦在新品体验、邀请粉丝参观工厂、参观生产流程等。很多运营者不注重和用户之间的交流，在意的却是通过活动来提升企业影响力。然而，线下活动的根本目的是增进与用户之间的交流，而非活动本身，更不是将活动作为一种提升企业影响力的工具。

通常，企业与粉丝线下互动的形式有见面会和主题沙龙两种。

见面会是一种会议，通常企业进行媒体发布或举办活动等时，才会举办见面会。举办见面会的目的，就是邀请企业品牌粉丝参与，让粉丝通过企业主题活动更加了解企业文化、品牌理念等，对企业产生更多的喜爱之情。

小米科技平均每个月都要举办一场活动，如爆米花、米粉节、同城会等，小米科技举办线下活动频次如此之高，充分体现出线下互动的重要性。

以“爆米花”为例。“爆米花”是小米科技一年一度的活动庆典，从全国各地小米之家的“年夜饭”到公司总部的“唱 K”活动，小米公司都将米粉当作公司成员进行情感交流，让他们感觉自己也是小米公司的一分子。

主题沙龙是将一些志趣相投的人聚集在一起，对某一主题进行话题讨论和交流。这是一种非正式的聚会活动。在热烈的讨论和交流中，给社群粉丝打造一个了解企业的窗口。

主题沙龙的特点是要定期举行，虽然人数不多，但一定要设定一个重要且有趣的话题，切忌话题太过深奥、不接地气，否则难以带动整个沙龙活动的氛围。所有参与成员都能围绕话题自由讨论、各抒己见。交流的目的，一方面是增进感情，另一方面可以通过面对面交流，从粉丝那里了解更多产品或服务上的缺陷，帮助企业明确弥补和改善的方向。

越来越多的实践证明，参与活动的力量，即人与人之间直接的、强烈的、积极的互动，对于促进可信赖的合作行为至关重要。通过一系列的线下见面活动能够有效聚拢粉丝，强化粉丝关系。另外，还可以通过这种对外宣扬社群核心价值的方式，吸引新成员加入，还能不断向外宣传社群的存在。

总之，定期举办线下见面活动，已经是企业的一种常规化粉丝运营手段。人与人之间的连接，需要粉丝积极参与。线下见面会与主题沙龙，让粉丝与粉丝之间、粉丝与企业之间形成更加有效的互动。

如何打造个人IP

现在的社交平台，个人能形成 IP，就有了自带流量的“本钱”。一个人的产品能被称为 IP，那就可以肯定地说他已经深刻地影响了一部分人。像我们常见的同道大叔、凯叔讲故事等就是非常著名的个人 IP，其影响力已经不言而喻。

IP 就有点像品牌，但和品牌又有着本质的区别。因为品牌的基于产品的，而 IP 是基于个人的。品牌是产品衍生内容，IP 是用内容孵化产品，再加上 IP 是移动互联网的产物，因此我们可以说 IP 是具有人格化的“虚拟生命”，而品牌则没有这种属性。但是我们也看到，现在的企业也在着力将品牌 IP 化，即以打造 IP 的思维和方法来展开品牌的建设和重塑。

由此可见 IP 在移动互联网时代的重要性。如果我们想要从零起步，打造自己的个人 IP，又该怎么做呢？这里，我们最好先从微信朋友圈起步，慢慢摸索，有了经验后，再逐渐扩大到其他社交平台，形成矩阵化运营模式。

在微信朋友圈发布内容，很重要的一点就是我们要塑造出一种专家感。因为 IP 指代的现实意义就是它代表一个人或产品在这个细分领域里做得非常专业、非常出色。用户是信任专家的，当他们看到你的专业以后，就会信任你，有了问题也会想起来找你。

在朋友圈里，要怎样才能塑造出专家感呢？

这一点，大的原则一是我们微信的基本“装修”要做好，你的微信给人感觉越高大上，效果越好；二是我们要能源源不断地输出内容，要聚焦，内容要有 IP 记忆点。其中，你要想成为哪个领域的专家，内容就要围绕这个领域来输出。

1. 用专业知识为用户答疑解惑

个人与用户之间建立起强关系并不是能够简单实现的，其最有效方法就是通过专业知识为用户答疑解惑、通过专业的服务帮助用户解决痛点问题。一个人有相对高明的见地，在某方面有很强的话语权，更容易获得用户的信赖。因此，成为产品所在行业的专家，是个人攻占人心的重要法宝，也是实现吸粉、变现的最重要保障。

一位护肤品销售商，她在朋友圈发布信息时，不是像别人那样推广自己的产品，介绍产品功效，而是更注重用户痛点和疑问点。所以，针对很多用户的疑问，她会给出十分专业的回答和解释。以下是她在朋友圈发布的针对用户对眼霜方面的疑问给出的专业回答：

眼霜为什么是女人的第一件护肤品？

眼部肌肤只有面部 1/4 的厚度，却要每天工作超过 16 个小时。

眼周的细薄肌肤很脆弱，却要每天承受电脑、手机等的各种辐射。

我们平均每天眨眼超过一万次，可是完全不分泌油脂。

……

这些因素决定了眼睛是最容易老化并产生问题的地方。如果不好好保养，年龄的秘密就会通过眼周肌肤暴露无遗。

虽然看上去她并没有直接推广自己的产品，没有宣扬自己的眼霜有多好，但从字里行间能够感受到，她在回答广大女性朋友有关眼霜问题时，体现出来较强的专业性。这样的专业性知识，让广大用户对她有了更多的信任。与此同时，也更加懂得眼霜对自己的重要性，自然而然大家就会询问她是否售卖眼霜产品，产生交易行为也是水到渠成的事情。当用户使用眼霜后感觉效果明显，必然会将她推荐给其他好友。这样，又可以为她带来更多的流量和销量。

2. 精于替代品评估

所谓“知己知彼，百战不殆”。市场竞争激烈，竞争对手群雄逐鹿。这种市场环境下，如果只了解自己的产品，显然已经无法在市场立足。掌握同行业竞品的优劣点，在用户问及你的产品与同行业其他产品的优劣、区别时，你可以扬长避短地对自有产品和竞品进行评估，进而为自己的产品加分。而这种精于对替代品的评估能力，必定让用户对你刮目相看，认为你不但了解自己的产品，还对其他同类产品的优劣评估得头头是道，自然会认为你是该行业的专家。

3. 快速分列出你的观点

与用户进行话题互动和交流时，表达要有条理，让别人看了或听了之后，会先入为主地认为你的判断能力强。条理清晰的表达方式，能够将重点意思简单表达出来，加深受众印象，认为你的快速判断力和表达力源自你对专业知识的掌握。如果你能做到这一点，你就是用户眼中的专家。

现在，越来越多的人开始专注于个人 IP 的打造，他们参加各种社群，与相关行业进行连接，参加线下活动，为的就是向公众输出自己的价值，以“知识专家”“行业专家”的形式向个体提供服务。

例如，现在有很多人，他们一边上着班，挣着工资，一边在社交媒体上以行业专家的身份出现，塑造着自己的个人 IP。尤其是一些医生，他们开通头条号，因为讲得专业，慢慢就积累了几十万甚至上百万的粉丝，这实际上他们就已经成为行业里的 IP 了。

所以，要打造个人 IP，我们一定要把自己当作一个产品、一个公司来经营。如果你还达不到专家的角色，那就去学习。这一点没有捷径，必须要下一番苦功夫。你要知道，打造个人 IP 绝不会一蹴而就，它是一条漫长的路。真正的高手都在默默下功夫，在“向内求”，在突破原有的认知，建立新的认知。

这其中，你一定要认真地坚持，千万不能三心二意，见到什么火就做什么。普通人和 IP 记手的区别，就是普通人总期待一步到位，总想找捷径；而高手信奉的则是滴水穿石，厚积薄发。在互联网领域，有一个“1% 法则”，即如果网上有 100 个人，那么只有 1 个人才会去创造内容。其实也是，在整个社交媒体平台中，也总是看内容的多，创造内容的少。我们假设中国有 11 亿网民，再假设减掉老年人和学生，还剩下 8 亿网民，以这 8 亿网民来乘以 1%，也就是有 800 万人会在社交媒体平台中创造内容。

这 800 万人中，我们再假设能坚持 3 年以上的只有 1%，那就还剩下 8 万人。实际上，在现实生活中，能坚持 3 年不间断地持续输出优质内容的，可能连 1% 的人都还不到。假如你正好是这 8 万人中的 1 员，在中国的网民群体中也是 1/17500，真正的万里挑一了。能做到万里挑一，那你在任何一个领域中都是毫无疑问的 IP。

第八章 私域流量中用户的裂变

用户是可以裂变的。一般而言，那些能以低成本、高效率、指数级增长来获取用户的方式都叫裂变。对商家而言，裂变不仅是一种工具，更是私域流量中的一种新型营销方法。它深刻地影响了用户关系和关系链，为商家带来了流量改革，打造了一种新的简单又高效的营销生态。

微信个人号的几种销售模式

微信个人号的销售，主要是基于用户的信任和推荐来实现的。这和我们传统营销中的4P理论，即产品、价格、渠道和促销相比，它更强调的是企业、商家与用户关系的价值。

信任是微信个人号能建立起来的独特客户关系，而且长期有效，同时还减少了机会成本的投入。很多时候，信任是比黄金还要珍贵的东西，做生意，不管是卖白菜还是卖珠宝，都需要建立一定的信任，如果没有信任，就没有长期稳定的客户。

有了信任基础，商家就可以基于微信个人号的功能开发出多种的销售模式。这里企业、商家一定要注意，不要认为自己的产品/服务是好东西，就肯定会人见人爱；相反，你要清楚你的产品/服务能给用户带来什么样的好处，具备哪些特色，是不是比同类的其他产品能更好地满足用户的需求等，明白了这些，再全面利用各种手段来销售，例如零售、批发、秒杀、团购、会员销售等。

零售是一对一的销售模式，如果我们的微信个人号的内容能够引领用户的生活方式，吸引一大批死忠粉，你在微信个人号中展示出来的穿的、用的，用户都会购买。这时你就完全不用在朋友圈发广告刷屏了，可以谨慎地将你的商品推荐给那些你划分出来的“忠诚度”最靠前的十来位用户，确保能够完成交易，再让他们推荐新用户购买，也可以取得不错的销售效果。

一个化妆品商家，其采用的就是这种销售模式。她每天都会根据推荐的产品特点，重点选择对口的10位用户进行沟通，再想办法让他们把这些产品推荐给新用户。因为选择的10位用户和产品有高度的关联性，用户都很感兴趣，而用户的朋友中也有着很多和他们特点相似的人群，因此他们的推荐转化率都很高。这个商家就利用这种方式，在不发广告的情况下照样实现了不错的成交量。

批发就是在朋友圈中寻找一部分人来做代理，按总量走货。这种销售模式比较适合那些有生产能力、货源丰富的卖家。他们可以根据代理不同的拿货量来给他们定下不同的批发价格。但是这种销售模式的缺陷是代理如果卖不动，就会产生退货行为。

秒杀是一种互动激活的销售策略，有点“赔本赚吆喝”的感觉，但如果秒杀做得好，也可以让用户产生大量的分享转发行为，吸引源源不断的新用户加入。

团购是一种以获取用户为目的的降价销售策略，目的在于让用户通过福利来为我们带来新用户。

假如我们的商品实际售价是100元，我们可以把这100元通过拼团、折扣的方式销售到60元、70元（前提是在商家还有利润的情况下），以此作为用户的团购价。然后通过拼团的方式吸引用户拼团，在用户拼团的同时激励用户在社交平台上分享。用户分享出去以后，商家的价格虽然降低了，但商家能够更快、更广泛地获取流量，而且这些流量是免费的。在这里，商家相当于是把一部分做推广的费用分摊到了分享的用户身上，用户获得了低价、折扣的实惠，而商家也打通了社交关系链，获得了源源不断的流量。

会员销售则是微信个人号独有的用户分层策略，这样可以长期锁定忠实用户。企业、商家向用户收取一定会员费，同时为会员提供一些特权福利，以此达到吸引客源的目的。

在这方面做得比较好的是云集。

通常，用户只要下载了云集的APP并注册，就能马上成为云集的VIP会员，但要成为钻石会员（店主），则需缴纳398元会员费。当然，钻石会员云集给出的优惠力度要大得多。例如购物返利、各种优惠券、云币奖励等。这种会员制度，有点像传统的直销，好的店主可以升级成为主管，可在普通店主的基础上再获得直邀店主398元会费中的150元提成和直邀店主15%的销售佣金。主管再往上是经理，再加直邀店主398元会费中的80元提成。这一套晋升机制无形中给了云集店主销售的动力，大家都想往上晋升，于是导致了云集用户的裂变式增长，从2016年到2018年，短短三年间，云集的会员就从90万人增加到2320万人。而会员费又成为云集的收入重点之一。

当然，以上各种销售模式并不是孤立存在的，企业、商家也可以根据自己的情况同时采用几种销售模式，甚至也可以开创出有集合几种销售行为的新模式。你要知道，这些销售模式，其实没有最好的，只有最适不适合自己的而已。

构建场景，促进营销转化

现在的消费者，无不在渴求着用最少的时间和精力来达成自己的购买心愿。例如，消费者想要吃汉堡时，总希望麦当劳能第一时间将汉堡递到他们手上；消费者吃完饭想要结账时，也总恨不得马上就付钱走人，谁也不愿意排队。

而面对这样的消费者，商家要做的就是制造让他们感动的场景，以让消费者获得更好的体验感。这就好比航空意外险之所以在机场卖得特别好，主要原因就是乘客来到机场后，会突然想到飞机有坠落的危险，这个场景激发了乘客购买意外险的需求，特定的场景激发了乘客对危险的担忧。

我们在各社交平台上进行营销也是如此。

现在在各个社交平台上，企业、商家可以轻易地利用大数据技术，描画出消费者的年龄、性别、收入、喜好及所在地域的特征，这就给了我们机会去打造相应的场景来吸引顾客购买或消费。例如，一个卖购物卡的商家，在春节等节庆日时，可以结合消费者的地域分布，精准为消费者推荐当地超市的购物卡。

场景的构建是源于对目标人群的有效洞察。私域流量池全面的互动交流特征让商家可以随时掌握用户消费的目的和意义，例如情人节、春节等节庆日，商家可以设置场景化的营销导购，使用户沉浸和产生联想，从而激发额外的消费。

别忘了，私域流量池有着强大的社交聆听功能，这让我们能够更好地了解消费者，并针对消费者的心理、行为策划具有针对性的沟通内容和场景形象。网友们在社交媒体上可以随时地分享信息和对商品快速做出反馈，这就让商家应对用户的临时需求成为可能。有时，用户的需求是显而易见的，有时从用户对商品的评论中我们也能看出端倪。对于商家而言，不要想着整天盲目地向用户推送信息，我们需要甄别，需要辨别用户想要的场景，并且去制造场景，引导用户消费。

例如当商家在社交聆听中知晓有用户要去参加酒会时，用户就可能基于酒会这一环境产生衣着、打扮、自我表现等强关联的需求，从而产生消费行为。那商家就可以利用酒会这一场景来刺激消费者，使其产生消费。

此外，商家还可以根据消费者所在环境的不同，例如消费者是常去娱乐场所，还是常去休闲场所，是否经常出差经过火车站、机场，从而做出相应的推广活动营销，这样自然也更能激起消费者的购买欲望。就像前面例子中在机场售卖的航空意外险一样。

还有，企业、商家也可以利用微信个人提供的一对一用户关系，制造出产品很稀缺的场景，吸引用户购买。

我们可以看到，那些带有强烈个人风格的产品，例如珠宝、服饰等，在微信个人号中都销售得很不错。其中很重要的一点就是这种产品带给了用户一种稀缺感，全网只此一件、绝版、私人定制，还限时销售，用户的感觉就是：我要是不购买，就会被别人抢走，于是大家纷纷出手。因此，在构建场景时，制造稀缺产品是促使用户产生购买行为的重要手段之一。

当然，现在的市场，越是稀缺且又有购买需求的产品，越容易被别人模仿，因此我们制造的稀缺产品要不断创新。没有什么产品是能让你一劳永逸的，你只有不断地创新，直至掌握一种不可复制的稀缺力量，才能真正掌握赚钱之道。

将消费者转化成代理

这是一个高度社会化的时代。在这个社会化的环境中，每个人都是一个节点，他们接收信息，也传播信息。我们都知道商家售卖产品，渠道非常重要。其实，人也是一个渠道。人是信息传播者，也是卖货者。

在数学领域里面有一个六度分割理论，指的是这世界上任何的两个陌生人，最多通过 5 个中间人就可以互相认识。如果一个信息用社交关系来进行传播的话，一传二，二传四，四传八……这样仅需传播 33 次，就能覆盖 43 亿人口。

由此我们也可以看出人这个渠道有多强大。而要做好人这个渠道，商家就要注重给粉丝带来动力。动力是人传播信息的热情，如果你的产品让用户愿意分享，或者觉得分享出去，不仅自己倍有面儿，朋友也能得到好处，这就是连接。有了这种连接，用户就能变成代理，免费帮你卖货。

2020 年 2 月 10 日，因受新冠疫情影响，房地产企业恒大推出自己的线上 APP“恒房通”，这是一则针对用户自购、推荐他人购买、第三方购买、推荐新客户等分销的激励模式。如果用户推荐自己的朋友购买，每成交一单就可以获得不同程度的佣金和奖励。这也是房地产企业向私域流量靠拢的第一次尝试。结果效果还不错，老用户纷纷推荐新用户，“恒房通”上线 3 天，就售出房屋 47540 套，总价值约 580 亿元。

这就是在用财物激励的办法点燃人的热情，提升动力的一个办法。你看，连房子都可以用私域流量售卖，还有什么行业不行呢。

除此以外，商家还可以鼓励用户写出产品体验的过程。现在，已经没有消费者喜欢空洞无聊的产品介绍或者一成不变的商品推荐软文了，消费者想要的是你的商品能够带来什么价值，为自己解决什么问题。因此他们很愿意看一些其他用户在使用商品后的反馈。

这就好比我们在淘宝上买东西，我们的购买决定通常是看其他用户的评论来做出的一样。在内容营销中，我们也可以使用淘宝卖家的手段，在信息页面中插入用户“好评”的截图，让潜在客户瞬间产生一种怦然心动的感觉，用已有用户的热情来点燃潜在客户的购买欲望。为了最大效应地发挥这种影响力，最好用简洁、明了的方式来展示你的商品是如何带给已有用户快乐的。一定要避免一些笼统的评价，例如“我喜欢这个产品”“物美价廉”等，这些评价其实没有任何意义，因为它让潜在用户看不到这个商品到底会给自己带来什么具体的价值。

为了让粉丝的热情突出、引人关注，商家还可以专门发布一些关于已有用户满意感受的展示页，展示内容可以是短视频、粉丝感谢信等。这样，提交了这些信息的用户会感到被重视，会愿意帮你传播，也会给潜在客户一种影响力，“既然大家用了都觉得好，那我买了也一定不会吃亏”，以此产生羊群效应。其实，一个好的展示页就相当于商家的一张名片，可以通过社交网络不断分享、传播，甚至会有用户来主动找你索要“名片”来了解你，这比传统的打广告、发传单的效果要好得多。

所以，所有商家都应该有这样的认知，那就是在社会化的环境中，你的用户可能不再仅是用户，他们也可以成为你产品的经销商或渠道商，这种流量的汇聚点不是以门店的形式展现的，而是分散在每个人的社交关系之中。

用让利和口碑换裂变

做私域流量的商家都希望产生裂变，裂变就好像细胞分裂一样，可以达成一到二，二到四……这样的传播路径。通过裂变系统，快速传播，给了中小商家迅速壮大的可能，这在传统商业时代可是根本无法想象的。

这些年，裂变营销也被各大商家玩得风生水起，像美团外卖、拼多多、每日优鲜等APP就不断在我们的朋友圈中被刷屏，就连一些微商也加入了裂变的行列。

但裂变说起来容易，做起来却不简单。通常，商家采用的裂变方式有很多，如拼团、邀请、助力、分享、口碑等。但究其实质，无外乎让利和口碑两种。

拼多多的拼团，从用户下单到支付，再到离开页面，每个环节都在暗示用户要“分享”。用户在拼多多上发起拼团，会成为拼主，然后邀请或熟悉或陌生的人帮其砍价。这样，拼多多的APP被推荐给了更多的人，它通过社交元素获取的用户量就会迅速增长。其中，拼多多出于获取用户的目的有一定的让利行为，用户也得到了实惠，简直是一个双赢的策略。

正所谓“舍不得孩子套不着狼”。做裂变营销，商家在综合考虑下让出一部分利益给用户，而用户在这部分利益的诱使下，就会很愿意转发分享商家的信息，从而达到裂变的效果。无论拼团、邀请、助力都是一样，背后都有着商家让利的影子。

乐纯酸奶裂变的思路也是一样，用让利的方式吸引用户不断地分享、分享、再分享。乐纯酸奶的定价通常是一盒15元至20元，90元起送。毫无疑问，这个价格和起送门槛是比较高的，那如何让买不起的用户能主动购买，还愿意推荐给身边的朋友呢？乐纯酸奶发起了一个“控糖小队无糖打卡”的活动，只要有用户能邀请5人关注就能领到40元的奶票。对用户而言，一下子能便宜40元，这就很有诱惑力了。这还没完，用户打卡以后，乐纯页面又会引导用户分享，用户可以再获得5元红包，用户支付5元后不仅可以获得60元优惠券，还有红包可领，分享红包，还有抽取奖金的机会。

如此一层层地、持续不断地给用户利益，用户就很愿意分享。乐纯酸奶在裂变的同时，老用户也得到了实惠，留存和转化率都很稳定。

让利，要的是商家舍去一部分营销成本。这里，大商家可以“烧钱式”让利，中小商家则可以采用朋友圈集赞送礼、分享朋友圈领奖、小程序邀请好友等让利方式来实现裂变，同样可以获得不错的效果。

让利之外，就是口碑裂变。口碑裂变就好像明星粉丝的积累一样，任何明星不会从一出道就开始有粉丝的，他们都是在时间的沉淀中通过个人口碑将粉丝慢慢积累起来的。口碑裂变也是一样，你可以通过口碑影响你的粉丝，让你的粉丝愿意帮你进行商品的分享和推荐，那你随着粉丝的分享，你就可以获得更多的流量和收益。这里，就需要商家尽力打造超出用户预期的产品或服务，那种惊喜感就会成为用户免费帮你传播、分享的动力所在。

少儿英语教育机构VIPKID在成立初期，他们的主要精力就放在打磨产品上，其产品几乎是按天来迭代的，用户每天都会产生新的使用惊喜。这就超出了很多用户的预期，很多家长便不断地在社交媒体上帮他们代言、推荐，分享自己的使用感受。经过口碑裂变，VIPKID仅用三年时间，用户就从 100 多个增加到了 30 万，其中 70% 的用户都来自老用户的推荐。

裂变是营销的破局。让利和口碑，其实也并不是裂变两条平行不交叉的路径，商家可以综合运用，让利中的诸多形式也可以混合采用。要知道，裂变营销的方式从来不会有好不好，只有适不适合。

懂得与“人”合作

以前，各行各业之间壁垒分明，互不冲突，于是我们有着“道不同不相为谋”的说法。但是移动互联网的出现却让我们的产业界限变得非常模糊，“道不同不相为谋”的时代一去不复返，“道不同也可为谋”成了商业领域的新风尚。如果说商家以前的连接是内部的、纵向的，那现在商家与商家之间的连接就是联合的、横向的。

我们做私域流量当然也需要跨界。对于商家而言，现在流量的获取越来越艰难，跨界的整合就可以帮助不同领域、不同行业之间的商家实现流量共享。简单点来说，只要我们之间不存在竞争关系，我们就可以在商业层面展开合作，达到交换彼此的客户，或是买过你的产品的用户也来购买我的产品，实现双赢的目的。

故宫，本来是一家古文化遗址，但它却不停地和互联网游戏、护肤产品企业合作，将跨界玩得如火如荼。

以前，故宫给人的印象是神秘高远、历史厚重。但自从故宫2014年在微信公众号上发布了一篇《雍正：感觉自己萌萌哒》的文章以来，故宫表情包开始在移动互联网上成为爆款，而故宫也一改往日的严肃形象，变得更加贴近年轻受众，实力圈粉。

受此影响，多家实力企业开始联合故宫，共同推出一些个性化的产品。例如百雀羚携手故宫文化珠宝首席设计师顾问，联合推出了一款定制“燕来百宝奁”的限量礼盒，把传统的东方发簪元素与国际高级球宝设计融合起来。

这款礼盒在预售前夕，不仅在故宫、百雀羚的社交媒体账号中广泛传播，百雀羚还与一些微博大V进行深度合作，以跨界、东方美、国货精品、国货新风尚等关键词，不断俘获年轻用户的心。结果，这次跨界营销非常成功，预售当天，其在天猫旗舰店的所有商品，在35秒内就被期待已久的粉丝全部抢光。

2016年，热门的动画电影《大鱼海棠》上映时，也联合故宫推出了定制产品；2017年，故宫和电子书界的老大Kindle合作推出了Kindle Paperwhite X 故宫文化定制保护套以及联名礼盒；2018年8月，故宫与农夫山泉合作推出“故宫瓶”；2018年10月，故宫和小米合作推出小米MIX3故宫特别版……

可以说，故宫的跨界合作已经渗透到了方方面面，原来看来八竿子打不着的行业竟都能和它扯上关系。

可见，如果我们还是单纯地以内部连接的方式来做营销，一来我们的粉丝比较单一，二来也很难获得新的增长点。未来的营销，必然会涌现更多跨界的案例。其实说白了，当今商家间的竞争早已不再只是产品之间的竞争，而是商业理念和思维的竞争。要做好营销，就得善用跨界思维，用互联网思维大胆颠覆跨界创新。

第九章
私域流量中用户裂变的实战技巧

裂变的方式方法有很多，最开始是用户转发抽奖，再后来兴起拼团，直到现在，裂变的方法已经千门百类，像用户转发有礼，转发得红包，好友助力享受商品免单等，让我们眼花缭乱。其实，无论裂变的方式有多少，能从众多裂变方式中找到最适合我们的并运用到实践中来，才是最极致的裂变。

如何实现会员裂变

开通会员，是现在很多线下商家都会采用的方式，而且变现效果很不错。因为企业让用户办理了会员卡，一方面可以留住老用户；另一方面还可以刺激消费，更重要的是，用户缴纳的会员费，对企业来说，本身就是一笔不菲的收入。

2019年在中国开出第一家门店的Costco，它的商品毛利率很低，一个同样品牌的箱包，别人卖900元，它可能只卖300元。Costco所有的商品，毛利率都只有1%~14%。任何商品，只要毛利率超过14%，都需要经过Costco的CEO、董事会的批准。

这么低的毛利率，仅靠商品Costco不可能实现盈利。但是它的商品都超级好，用户喜欢，于是它让用户都成为会员。假如它有2000万会员，每人每年的会员费是100元，这便是一个巨大的财富数字。

其实，线下门店的会员模式我们也完全可以创新性地运用到私域流量池中来，并激发用户裂变。企业想办法将普通流量转化为会员，并用心长期经营会员，使其重复产生交易行为，并引导他们产生裂变。

这样做会员裂变，实际上就是让以前的会员卡被赋予了更多的功能，让会员变成推广员。具体的裂变方法有以下几种：

1. 老会员推荐新会员，返还会员费

企业、商家通过返还会员费的方式，能够有效激发会员拉新的积极能动性。

有一家健身店，刚开始学员并不多，店主想要尽可能招来更多学员，就利用会员裂变的方式达到了预期目标。

具体条件是：老会员只要一年内能给健身店成功推荐3位年卡会员，那么店铺将把该老会员一年的年费全部返还。具体的返还措施为：介绍第一个年卡会员，返还20%；介绍第二个年卡会员，返还30%；介绍第三个年卡会员，返还50%。推荐得越多，返还的越多。

这种阶梯式的返还方式激发了老会员的积极性，大家纷纷拉来自己的好友、同事等成为健身店的新会员。这样，老会员通过推荐好友，相当于免费上健身课，而且间接成为了健身店的推广员。

2. 通过引荐人注册，获得购买资格

对于那些品质好、性价比高的产品，可以设置特价，而特价购买产品只有会员才有资格。而普通顾客如果想要购买产品，就必须通过引荐人的引荐，成功注册为会员后，才能获得同样的购买资格。这种方式主要是通过低价利诱的方式吸引顾客强烈的购买欲望，再设置一定的购买条件，让普通客户主动寻找推荐人来引荐自己成为会员。

这种方式，一定要设置引荐人机制：假如店铺开放100个初始会员名额，这100个会员即为引荐人。此后如果有人想要加入成为会员，只有通过引荐人才能实现。同时，还要设置一定的佣金，以作为对引荐人的回报。

例如：在引荐人的引荐下，被引荐人出100元，可以成为店铺会员。而引荐人可以获得店铺的30元佣金。而这位被引荐人就是二级会员。二级会员同样可以为别人提供引荐，并获得一定的佣金，而初始会员虽然在二级会员引荐过程中没有出任何力，但也可以领到相应的佣金。

3. 老会员折扣或积分，促成老带新

会员卡本身能够为会员带来很多实惠，如全场折扣、品类折扣、满送礼物等。让会员在享受特殊身份待遇的同时，还能获得实实在在的利益。商家可以借助会员的这种特殊性和利益来做营销活动，用折扣或积分来吸引老会员主动引流，促成老带新。

例如：企业可以每周固定一天作为会员日。在会员日当天购物，会员不但可以获得双倍购物积分，还可以通过带新会员的方式获得折扣、消费满减、双倍积分等福利。

以微信为例，因为平台的赋能，让每一个会员都能将商家的信息共享到自己的朋友圈，因此也就有了无限裂变的可能。

如何用活动实现裂变

所谓“活动裂变”，就是通过做活动的形式来吸引用户，实现裂变。它是帮助商家做宽流量层的较好方式之一。通常，在裂变中由老用户推荐过来的新用户，因为是基于对老用户的信任而来的，因此它会减少商家与其沟通的成本，而且还有更高的成交概率。所以，做私域流量，在搭建流量池之初就要做好打算，要精心培养种子用户，让种子用户给我们带来新用户。假如我们的微信好友有 2000 人，哪怕每个好友只给我们推荐一到两个用户，那我们的微信好友也能轻松达到微信设置的上限——5000 人。

那么我们如何做好活动裂变呢？

首先，我们要了解一些常见的裂变活动。

1. 帮好友砍价

帮好友砍价是常见的社交活动形式之一，也是一种有效的流量裂变方法。通常，商家可以选择将一些大家认知度较高，单产品单价不是很高的商品设为活动商品。砍价次数建议设置为 20 ~ 30 次即可。这样，每位发起砍价的老客户可以为店铺带来 20 ~ 30 个裂变流量。如果砍价次数超过 20 ~ 30 次，往往给老客户带来压力，难以找到更多的用户帮助自己砍价成功，反而容易使老客户失去砍价成功的信心，进而放弃砍价，最终难以为商家带来理想的流量裂变效果。此外，砍价次数设置还需要限制每个人发起砍价老用户的购买产品数量，这样可以有效控制活动成本。否则每个人可以无数次砍价购买，就像“薅羊毛”一般，会使得商家被消耗垮。

2. 常规拼团

常规拼团活动，就是借助人们所熟知的惯用拼团方式，通过老客户开团，吸引其更多好友参团的活动形式，实现客流裂变的目的。一般常规拼团活动实现客流裂变，需要注意以下两点：一是商品的选择。商家同样要选择大家认知度高的商品，且单价不宜过高。二是活动形式。常规拼团活动的形式可以有：专区周期式活动、定期主推拼团、节假日限时拼团。总而言之，活动形式多样化，才更有助于提升拼团的趣味性，才能充分调动用户参与的积极性，更好地实现裂变目标。

3. 福利券活动

福利券活动，即通过发放福利券的方式吸引老客户进行分享，达到客流裂变的目的。通过活动页发放的福利券，可以增强顾客对玩法的认知，并激发起参与欲望。福利券可以通过用户在 APP 上自行领取、定向发放、注册赠送等方式发放。在福利券的使用上，可以规定如果老客户领取了福利券却没有进行分享、实现裂变，那么这位老客户自然也就没有使用福利券的资格。如果成功实现裂变，则可以使用福利券。

4. 秒杀

秒杀，即卖家发布一些超低价格的商品，让所有买家在同一时间上网抢购的销售方式。秒杀的首要目的是激发用户的参与感；第二个目的是兑现私域流量运营的特权承诺，把用户都当成 VIP 用户来对待；

第三个目的是收集用户的使用体验，以此感染更多用户；第四个目的即练兵，有些卖不动的产品可以通过秒杀活动卖出去；第五个目的，也是比较重要的目的，即激励用户转发推荐，带来新用户。在微信个人号中，我们要注意不要呼吁大家转发，最多定向邀请几位好友参与转发，其他好友转发与否则全凭个人意愿。通常，秒杀活动适合新手和新产品推广，可以限定每一个单品做10次以内的秒杀活动，不宜长期针对一个单品来做秒杀。

其次，我们要做好裂变活动的宣传工作。

商家要想实现客流裂变，除了设置裂变活动，还需要做裂变宣传。但做宣传并不是随意宣传即可，而是有讲究的。

活动预热时，可以在员工的朋友圈进行海报预热、微信好友及微信群预热，也可以通过在APP上进行广告预热，或者线下店内广告预热。进行宣传预热，需要在活动开始前三天进行，否则难以达到预热效果。

在活动期间进行宣传时，要让更多的人知道活动内容以及参与方式。可以通过员工在其朋友圈、微信好友、微信群中传播。除此以外，还可以在APP上进行宣传。

最后，是顾客筛选，实现价值转化。

活动结束后，需要对所有参与活动的用户做标记，将其进行划分。按价值分为：高价值顾客、普通顾客、新顾客等。按行为分为：参与未发起顾客、发起活动失败顾客、发起活动成功顾客、没有连带购买顾客等。明确每位参与顾客的价值大小之后，就可以设定转化方案，实现价值转化。

如何用内容输出实现裂变

现在，商家要想拥有更强的用户互动、更多的流量裂变，是需要更深度的内容来做支撑的，内容是能够使粉丝实现裂变的核心驱动力之一。

那么具体来讲，如何借助内容实现流量裂变呢?

1. 找出裂变源

通过内容实现流量裂变，首先就要明确裂变源，通常内容裂变需要遵守价值原则、热点原则、互动原则三个原则。

价值原则：即通过内容传递，让受众明确成为顾客能够获得的好处。

星巴克作为一家全球知名咖啡连锁店，非常善于借用内容实现流量裂变。2019 年 12 月 4 日，星巴克在微信公众号发布了一篇《星爸爸在上海的这家“咖啡厂”两岁了！TA 的生日趴，就等你来》。显然，星巴克此次通过“生日趴”造势，吸引广大受众前来参与其在上海开设的星巴克烘焙工坊举办的活动。

同时，这篇文案内容中还告知每位参与者，到工坊做客还有很多好处：“在此期间，如果你来到工坊，每消费食品、饮品满 199 元，都可以在当天获得一枚烘焙工坊2周年的非卖品纪念徽章，作为与你分享的生日惊喜！如果消费商品满199元，还可以额外获得一个神秘礼物。”

热点原则：融入时事热点话题的内容，更容易激起人们的阅读欲望。但在引用热点事件拟定内容时，一定要注意热点内容要更加契合店铺销售产品特色，而且还应考虑内容适于对外传播，以便为店铺带来更多顾客。

2019年圣诞节即将来临之际，星巴克在微信公众号上发布了一则题为《全新会员星礼包|加入星守护计划，一起成为麋鹿守护公使》的内容。事实上，为了守护珍贵的麋鹿，星巴克支持世界自然基金会的麋鹿守护计划。

每年圣诞节来临之际，“圣诞节”都会成为人们口中的热点话题。这样的话题更容易在人们交互的过程中得以传播和分享。所以，星巴克选择圣诞节之际，借用与圣诞节必不可少的麋鹿作为内容元素，吸引那些喜欢动物、爱护动物的人积极参与“星守护计划，成为麋鹿守护公使”。具体来讲，星巴克主要是借助这次活动内容，吸引广大用户加入星巴克会员，并为会员奉上福利——星礼包。该礼包相当于一张可充值的星礼卡，带着它来星巴克刷卡可以买咖啡，同时还可以拥有六张优惠券享受特有的优惠。这则内容一经发布，就吸引了广大读者的阅读和转发、评论，也有很多动物爱好者积极加入星巴克会员，成为麋鹿守护公使。

显然，星巴克发布的这篇内容不但有热点，还有互动，最终的目的就是吸引广大读者免费加入星巴克会员，实现流量裂变。

互动原则：要想通过内容实现客户裂变，重要的一点就是注重内容互动性。只有有趣、好玩的内容才能提升人们的参与热情。

2. 选择内容裂变玩法

第一种是自媒体平台内容推荐实现流量裂变。

自媒体平台上发布内容，可以通过千人千面智能自动分发的方式，让那些对商家的裂变内容感兴趣的人看到，可以实现精准拓客。

当受众看到后，会通过点赞、转发、收藏、评论的方式体现内容的价值，点赞、转发、收藏、评论的次数越多，则证明内容的价值越高。而平台就会对这样的高价值内容的推荐量进一步扩大。这样，看到内容的人越来越多，推荐阅读的互动次数越来越多，受众关注量也会越来越多，有助于实现流量的裂变。

在自媒体平台上分发内容，关键在于内容价值。如果内容没有什么价值，那么受众转发和阅读量自然就会少很多，实现流量裂变更是难上加难。

第二种是微信公众平台内容推荐实现流量倍增。

商家还可以借助订阅号＋社群的方式实现流量裂变。社群本身聚集的都是兴趣、爱好、需求相同的人，顾客看到了自己喜欢的内容，自然会将其分享给社群内其他成员。这样就实现了流量倍增。

内容的价值永远不要忽略，如果运用得好，融入更多的创意，就能够为商家引来更多的流量。

如何设计一张吸引人的裂变海报

无论我们在私域流量池中做什么形式的裂变，裂变海报都是最影响裂变效果的工具。但是，要设计一张吸引用户的裂变海报并不容易。微信中现在有那么多的信息，再加上人们刷朋友圈时都是快速浏览，凭什么他们要在你的裂变海报前停留呢？

据统计，我国的微信用户，平均一个人约有 1000 名好友，人们在浏览时通常只会浏览到 50% 的朋友圈动态，也就是说你的裂变海报虽然发到了每个好友的朋友圈里，但并不是所有好友都能见到。再者，人们只有在看到自己感兴趣的内容时才会停留，而且会在 3 秒之内决定自己要不要继续了解或参与这个活动，然后他会用 5 秒时间来找寻其他辅助信息来帮助自己做决定。也就是说，用户从看到裂变海报到最终做出决策，这个过程不会超过 10 秒，如果我们的裂变海报不能在 10 秒内打动大部分好友，那我们的裂变海报就是失败的。

那我们应该如何来设计一张有吸引力的裂变海报呢？

1. 颜色选择

我们从用户的角度来考虑，可以发现用户在朋友圈中看到我们的海报时，最先看到的就是颜色和排版，接着是海报的标题、文案。所以选择好海报的颜色非常关键。通常，海报的颜色以红、黄为主。在此基础上，你可以根据自己的品牌属性、产品类型或是用户群体来确定一个合适的主色。

2. 排版原则

聚拢：将海报上彼此间有相互关联的内容排在一起，尽量聚拢，在视觉上形成一个部分；

对齐：将海报的每一个部分或是海报的文字对齐，这样页面才会更整洁；

重复：海报中的一些元素可以重复利用起来，例如海报中相同的字体、色块元素等，这样可以让海报更加协调统一；

对比：可以对海报中的重点内容进行强调突出，以增强视觉效果，同时也能方便用户理解文案的逻辑和结构。

3. 标题设置

标题是一张海报的灵魂，能吸引人的标题包括：

痛点型标题：在拟这样的标题时，我们要深入分析，找到用户需求的痛点，并在这些痛点中找到用户最痛的那个点来做标题。

“有书共读”曾做过一篇海报，标题炒“你有多久没读完一本书了？”这个标题就找到了人们的痛点，并成功运用恐惧心理，让读者一看到标题就会反思自己有多久没有好好看书，从而让用户产生阅读、分享欲。

“有书共读”的标题可以给我们提供很好的借鉴。这里，我们不仅要找痛点，还要结合场景，引发用户情绪的变化。另外，我们的主标

题可以描述用户痛点，副标题则可以进一步做出解释，或者是直接在副标题给出一个理由，吸引用户参与。

求快型标题：这种标题是直接告诉用户他们要怎样达成自己想要的结果，例如“10招写出让用户疯狂转发的文案”“7步做到用户80%的复购率”，利用一些数字来量化以达到更好的效果。

4. 文案设计

一张裂变海报，我们不能仅靠标题去吸引用户，我们的文案也要能最大限度地激励用户参与。我们的大纲一定不要单纯地罗列信息，要从用户的角度出发，满足他们的需求或是帮助他们解决问题。为进一步增加用户的信任感，我们还可以利用一些大咖或名人，或是权威机构来做信任背书，例如：秋叶老师的PPT课程。此外，我们还可以制造价格差异、紧张的抢购氛围、购买人数的限制，或者是赠送一些与主题相关的礼品，以此吸引用户购买。让用户清楚地了解参加这个活动和不参加这个活动有什么区别，今天参加和明天参加又有什么区别。例如“每满100人涨价10元”“仅限前200名用户可享受××限时福利”。

如何才能做好朋友圈营销

我们运营微信朋友圈的过程，其实也是一个营销的过程。可能很多做过微信朋友圈营销的人都有过失败的经历，究其原因，恐怕还是在于朋友圈发布内容不规范。

那么，如何才能做好朋友圈营销呢？

1. 营销文案要接地气

有的商家想要推广自己的产品，描述的文案看起来非常华丽，但实际上却一点效果也没有。例如下面这个卖火山荔枝的文案：

火山荔枝，苏轼曾大赞："日啖荔枝三百颗，不辞长作岭南人。"我们的火山荔枝5斤49.9元，给真正懂生活的你。

这个文案能够带来的转化是很低的。实际上，真正好的文案都比较接地气，要能用好一些口语化的表达，或者是做成具有生活化场景的图示模样。我们还是以卖火山荔枝为例，下面这样的文案描述就很好：

今天买了一箱火山荔枝。（给读者打造一个场景）

一箱5斤，只花了49.9元，还获得一张新人优惠券。（向读者描述价格优势）

数了数，5斤荔枝差不多有100颗。（向读者传达商品的数量规格）

尝了几个，非常甜，而且水分很足。（向读者描述荔枝的口感）

（配上荔枝和硬币、果核一起对比的照片）我已经验过了，箱里的每颗荔枝都有这么大，果肉超多，果核很小，买得超值。（制造信任背书及诱导消费）

你看，这样的文案语气接地气，而且既设置了场景，又将商品的形状规格描述得清清楚楚，还有信任背书，当然很容易带来订单了。

2. 内容要有营养和价值

这一点我们在之前的内容中已经讲过，要知道，任何精准的用户都不会拒绝有营养和价值的内容，这是传播最基本的前提条件。

3. 简短的内容更有效率

现在人们的时间是碎片化的，虽然我们中的很多人每天都会频繁地打开微信刷朋友圈，但可能没有哪一次是花了很长时间来浏览的。我们刷朋友圈，无非是看看有没有好友给自己的动态留言、点赞，或是搜索有没有自己感兴趣的内容，然后很快就放下了。这里面，不仅时间是碎片化的，相关的传播和营销也是碎片化的。

这就要求我们在朋友圈发布的内容要尽量简短，争取把每句话都说到点子上。朋友圈内容最好不要超过 6 行，约 140 字。因为微信的设置是超过 6 行以后的内容会被折叠，浏览者需要点击信息下方的“全文”才能看完。不过，近来微信又改变了一下规则，如果是复制粘贴的内容，超过 6 行会被折叠，而原创的内容则不会被折叠。

另外，微信可能还有限流设置，即对重复发布的内容、图片或者是太长的内容都有可能被限制，会让很多好友看不到你在朋友圈发布的内容。综合以上信息，我们的内容都应该发得简短一些为宜。

4. 用 #……# 来设置话题

这样的话题设置来源于微博，但用于朋友圈的话题设置仍然十分有效。

#……# 的作用是对内容进行分类，例如 # 私域流量 #、# 社群营销

#、# 自媒体内容输出 # 等。这样设置话题以后，会让读者觉得你做得很专业、很聚焦。

5. 在正文下方署名

在正文下方署名，目的是让阅读的好友再记住你的名字一次。他们在看多了你的内容以后，会对你越来越熟悉。署名可以采用“罗伟 | 微信营销专家 · 原创分享”这样的形式。

6. 配与内容相关的图

图文结合是比较好的内容呈现方式。我们为内容所配的图，最好与内容相关，而且最好使用竖屏的图，因为竖屏的图在朋友圈中能显示完整，而且读者的视觉体验也很好。

7. 在人们休息时间多发，不刷屏

人们浏览微信，最集中的时间是早上上班前和晚上下班后，尤其是晚上 8 ~ 10 点，传播效果是最好的，是发布内容的最好时机。在中午人们休息时间发布也可以。如果是周末或节假日，全天皆可发布。发布内容时，不要刷屏，可以隔 30 分钟以后再发送一次，一天不超过 5 次。

8. 植入 IP 记忆点

这点是最重要的，我们在前面已经讲过多次，这里就不再重复叙述了。

9. 一天发 8 ~ 10 条

朋友圈的内容我们要每天坚持发，每天发 8 ~ 10 条，制造更多的用户触点。为什么是每天发 8 ~ 10 条呢？那是因为一条朋友圈从发出，到被好友们看到开始，到收获点赞和评论，再到没有任何互动，这个生命周期约 30 分钟。因此，如果我们有生产内容的能力，可以每间隔一个小时左右发一次，排除深夜没人看的时间，每天发 8 ~ 10 条是比较好的。当然，如果是新手，不用一上来就要求自己每天发这么多条，可以渐渐增加自己的内容输出能力和发布频率。

如何借势名人效应提升转化率

名人，就是被大众所熟识的人。所谓“名人效应”，其实就是借助名人达到引人注意、强化事物、扩大影响的效应，或人们模仿名人的心理、行为等现象。

请名人做广告代言，可以从中看到名人效应给品牌、产品带来的巨大利好。不但可以增加品牌信息的真实性，还会强化人们对产品的记忆，进而带来销量。因此，企业要学会借助名人效应，提升品牌可信度和转化率。例如，请名人代言、请名人转发或评论等方式。

名人一般都有较高的知名度，或者有相当高的美誉度，以及特定的人格魅力。企业可以邀请名人参加产品代言，相比普通人代言来讲，更具吸引力、感染力、说服力、可信度，有助于引起受众对产品的关注、兴趣和购买欲望，同时也能体现品牌实力。在人们通过各个社交媒体平台上传播和分享名人代言某一产品的消息时，也为品牌做了一次很好的宣传，有效提升了品牌和产品的曝光概率。

另外，名人本身就有很高的关注度，名人的一言一行都在大众中有很强的影响力。因此，名人在社交媒体平台上转发或发表有关产品或品牌的评论，自然会吸引一大批人跟风讨论或转发，由此就产生了连锁反应。这样看来，一个名人可以轻松影响一大批潜在消费者。

名人效应对于企业营销有很大的辅助作用，能够实现名人和企业的双赢，但借助名人效应开展营销活动还应当注意以下几点：

第一，所选择的名人要与品牌个性和产品定位相吻合。

用名人为产品和品牌代言，可以被看作企业产品、品牌人格化的体现。产品的性能和所体现的服务精神，以及企业理念本身都是一些抽象的东西。因此借助名人代言时，一定要选择与品牌个性和产品定位相吻合的名人，选择与目标消费群体的特质保持高度契合的名人，否则很难将消费者对名人的好感转移到对品牌和产品的态度上来，最终也得不到消费者的认可。

第二，选择可信度高的名人代言。

名人可信度高与否，直接决定了消费者对品牌和产品的可信度。具有较高可信度的名人，往往可以作为目标受众的“意见领袖”，能更好地活跃在人际传播网络中，为他人提供信息、观点或建议，并能为他们所欣然接受，能够产生良好的传播效果。

第三，选择名人代言时，企业要量力而行。

很多名人为企业代言，并不是“公益代言”，有的甚至代言费十分昂贵。对于那些中小微企业来讲，高昂的代言费足以让自己日后“揭不开锅”。所以，在邀请名人代言时，一定要从预算方面多加考量，量力而行。

企业要想在营销活动中让更多的消费者对自身品牌和产品产生信服感，名人效应是最好的杀手锏。名人的吸引力、可信度、说服力，要远远大于企业苦口婆心为自己品牌和产品介绍换来的营销效果。

如何利用KOL实现流量裂变

一些中小微企业可能没有实力与名人合作，这种情况下我们还可以邀请行业内的 KOL，借助 KOL 的影响力，吸引消费者“种草”，实现裂变的目的。

KOL 我们在前面已经提过，指的是“关键意见领袖”。通常他们在自己的领域有着较强的号召力和公信力，他们的粉丝黏性也很强，其价值观、兴趣爱好等都能得到粉丝的认可。在大众眼中，KOL 就像是一个榜样，被看成可靠的资料来源，大众会像认同 KOL 一样认同产品价值。

在当前这个注意力稀缺的时代，很多企业已经注意到 KOL 的品牌背书的重要性，因此开始频繁邀请 KOL 为自己引流、带货。在 KOL 的引导下，粉丝群体会在短时间内转为品牌粉丝，并产生消费行为。这样，在 KOL 的背书下，扩大了企业的知名度，为企业带来了流量裂变的同时，也有效提升了企业产品销量。

要想利用 KOL 实现流量裂变，我们首先要找到合适的 KOL。这里，手动查找是最直接的方法。例如，如果你是做化妆品、护肤品之类的产品的，可以在百度搜索，通过一些关键词如护肤、美妆、保养等查找一些粉丝数量、视频点击量、互动数量多的 KOL，然后想办法和他们取得联系。

其后，我们要筛选 KOL。要知道，在 KOL 的世界里，他们也是分层级的。建议中小微企业选择达人 KOL，他们虽然影响力不如顶级 KOL，但他们在某一领域却非常专业，有着一定的传播力。一些正在成长中的 KOL 也许会有更高的性价比。

第三步，我们要与 KOL 商讨营销策略，在共同制定营销策略时，应当注意：要抓住目标粉丝群体的体量和类型进行营销策略设计，以实现传播效果的最大化。达人 KOL 的受众范围较为广泛，且能够与用户平等对话，因此更适合于信息扩散和引领互动话题参与。

第四步，曝光。在传统媒体领域，有一个“七次曝光”法则，即将一条信息曝光七次，才能达到真正收获受众注意力的目的，进而实现成本的最低化，效益的最大化。这个法则其实在私域流量中同样适用。因此，我们和 KOL 达成营销策略后，就可以增加相关信息的曝光率，多去“轰炸”粉丝和受众，这样可以有效扩大用户的覆盖面积、有效提升品牌在广大用户中的影响力。

企业如何才能做好全员营销

一家企业要想快速发展，无非从两个方面发力，一是开源，二是节流。私域流量就是二者兼具的良好方式，以前企业投入大量成本寻找外部渠道做广告，做宣传，效果却不是很好。而现在，如果做全员营销，让自己的员工在家人、朋友中为企业实现多角度引流，不仅效果不错，而且还能节约大量广告投入的资金。

全员营销应该怎么做？

首先，老板要当好“带头大哥”的角色。在任何一家企业，老板都是领头羊，是员工行为举止的标杆，如果想要做到全员营销，老板必须以身作则，必须是这家企业中最顶级的销售员，这样员工才有信心跟着你一路走下去。

格力电器董事长曾在一次采访中表示，为了拉近企业与消费者的距离，格力内部正在积极推行“全员营销”政策。格力为每名员工都开了微店，这样消费者可以通过格力员工的微店直接购买格力的产品，而且可以享受格力的内部价格。对此，董明珠亲自带头，不到一个月她个人的销售额就突破了200万元，为全体员工树立了很好的典范，也激励了员工们的信心。

其次，企业要投入资金做好培训，让员工有所成长。企业要做好全员营销，尤其是在私域流量大火的当下，必须提升他们在朋友圈、微信群中的营销能力，同时要培训他们的文案策划能力和人设策划能力。

朋友圈营销能力：企业要教会员工在什么时间段发朋友圈更合适，怎么发朋友圈不会被系统屏蔽，怎么策划朋友圈的活动等；

微信群营销能力：企业要教会员工怎么在别人的群里种草引发购买、怎么运营好微信群、提升群成员的复购率等能力；

文案策划能力：企业要教会员工怎么才能写出完美的朋友圈信息内容；

策划人设能力：企业要教会员工如何做好微信个人号的“装修”工作，如何塑造专业形象等。

再次，企业要设计合理的分销制度，让员工多赚钱，有劲头。企业要能让员工在营销过程中获得实实在在的好处，才能提高他们的积极性。

员工一般希望自己分销的提成比例在25%以上，也就是说如果你的产品售价是100元，那么员工卖出一单，他们通常希望自己能获得25元以上的收入。企业可以参照这个标准来设计分销提成制度。

复次，要选择合适的工具，让员工的执行更有效率。现在，市面上有各种各样的营销工具，企业应从中挑选一款最符合本企业员工的工具，实现员工营销任务的建立、分配和分析，同时每个员工也都愿意装配。

最后，企业要设计好落地制度，提高员工的执行力。一般10人左右的小微企业，大家都有很强的自驱力和执行力，组织的凝聚力也很强，私域流量靠自驱就可以完成。而50人以上的企业，会有部门和层级，这时，企业就需要一个派发任务并监督执行任务的系统或工具，以使全员营销落地。另外，企业也应制定合适、公开公平的奖惩制度，例如根据每名员工每月的获客数量、成交数量来决定奖惩等。

第十章
谁都适合做私域流量吗

私域流量的构建有一套方法，甚至可以说，它的搭建也是一项工程，我们对它一定要有清醒的认识。也许，我们的行业并不适合做私域流量，那我们就要绕道而行。也许，我们还没有建构私域流量的充分条件，那我们就要做好内功，补齐短板。

谁都适合做私域流量吗

2019年，“私域流量”一度成为商界最火的名词，各大企业、商家及个人纷纷涌入，希望搭上“私域流量”这趟列车，乘早收割红利。

但是不是任何企业、个人都适合做私域流量呢？答案是否定的，如果产品属性复购率很低、不能给到消费者一个完整的解决方案、没有专人来精细化运营，占据了这三点中任何一点的企业和个人，都不适合做私域流量。

我们做私域流量，目的是增长，而这种增长是来自用户的复购和分享的。换句话说，如果你的产品复购率很高，那你非常适合做私域流量；要是你的产品复购率很低，建私域流量池的价值就不是很大了。例如一家做智能马桶盖的企业。其产品智能马桶盖是耐用品，一般用户买入后可能要等三五年才会换，几年内主动复购的概率是很小的。那这样的企业要建私域流量池，维护老客户，使其复购的时间线太长，显然是不划算的。

而那些产品复购率比较高的行业，例如服装、食品、餐饮就比较适合了。因为用户一年甚至一个月内复购的概率都会很高，用户不在你这里买，就可能去别人那里买。这样我们建私域流量池、维护老客户就有了意义，可以使用户尽量在自己这里产生复购。

而对于不能给到消费者一个完整的解决方案、没有专人来精细化运营的情况，我们以一个例子来说明。

一家做乳胶漆的企业A和它旗下的一个市级经销商B，几年前，他们都开始前瞻性地布局私域流量。因为乳胶漆品牌的特殊性，决定了他们的客户群体除了需要房屋装修的消费者外，还有一大批油工师傅，因为油工师傅会采购乳胶漆来帮助业主装修。因此，为针对油工群体，A建了自己的会员APP——A品牌油工关爱平台。B是A的市级代理商，旗下有10家终端门店，他也建了自己的会员系统——B经销商油工联盟。同样是私域流量，同样是会员系统，然而几年过后，A铩羽而归，B却尝足了甜头。

这其中，重要的原因之一就是A不能给到消费者一个完整的解决方案。因为乳胶漆只是房屋装修环节中要用到的材料之一，其他材料还有腻子粉、辅料角线等。A只能给油工提供乳胶漆的相关方案，不能给他们一个完整的墙面装修材料方案。而B就不一样，它是A的代理商，同时它还销售其他装修材料，它给出的解决方案便总能很好地满足油工师傅的完整需求。因此，尽管A花了大量成本来吸引油工师傅注册它的APP，效果仍然没有B的会员系统好。而B也很善于管理，油工师傅通过它的APP，可以以会员价购买各种产品，满足一定积分后，还可以换购相应商品，因此它APP上油工师傅们的活跃度也较高。

第二个原因就是A没有专人做精细化运营。因为私域流量对A来说是个新的尝试，企业高层认为短期内不会有大的效果，因此在西南市场只安排了2个人来运营，结果因为负责人太少，好多策略都不能落地。而B就不一样了，它有10家门店，每个门店都设了一个专职负责运营会员体系的销售，把接触的每个油工都录入了系统。结果几年下来，他们几乎把当地的所有油工都沉淀成了会员。

所以，我们一定要明白，私域流量是需要精细化运营的，是需要花费大量时间去维系客户关系的，而且还不是一蹴而就的，如果做不到这些，我们构建的私域流量就不会有太大意义。如果你有足够的人力，在构建私域流量时可以单独成立一个部门，如果人力不够，也要尽可能地配备人员，并且花预算构建自己的数据系统，以等待未来某一天的厚积薄发。

企业构建私域流量需要满足的条件

在私域流量适合的企业类型中，有很多观点认为 2C 类型的企业和产品更好。但实际上，无论 2B，还是 2C 的企业或产品，都可以构建私域流量。只不过，不同的产品属性决定了他们私域流量池中人群属性的不同罢了。通常，2C 类产品有更广泛的消费基础和用户接受度，私域流量更容易建立，而 2B 类产品更专业，因此他们私域流量池的人群会更垂直。

当然，任何企业都可以构建自己的私域流量，但这并不代表任何一家企业都有能力。上一节我们介绍的给到消费者一个完整的解决方案、专人来精细化运营，都还只是私域流量对企业要求的一个点。实际上，要做好私域流量，企业还必须有一些能“驾驭”它的组织能力，譬如以下这些：

（1）私域流量需要企业高层予以充分的重视，要有新媒体思想，要有决心，有执行力，愿意投入资源，愿意带领大家前进。

（2）私域流量池的运营中，内容输出极为重要。因此企业要设立专门的内容生产人员，如设立有新媒体市场品牌部的，则要大力强化该部门，没有设立专门部门的，也要大力强化相关员工的能力，保证持续有效输出高质量的内容。

（3）企业应该设立一定数量的销售人员或是合伙人。如果企业的销售人员过少，那么企业的网络效应就会受限，构建的私域流量池的容量也会受限。而要是企业有比较多的合伙人，则可以弥补销售人员过少的缺陷。

（4）也许构建私域流量更适合一些员工年轻化的企业，这些年轻人思想上容易接受新媒体、新思想，尤其是一些由“90后”人员组成的企业。一些太传统的企业或是员工年龄层偏大的企业，要做好私域流量，会面临较高的培训和实施成本。

（5）私域流量更适合一些有一定利润的产品。如果产品的利润太薄，团队在构建私域流量时也许会失去推广热情和动力，足够的利润方可驱使员工投入更多精力做好这件事。

在实际的构建过程中，有很多企业也出现了私域流量思想很难落地的情况。其实这些企业的领导层也学习了私域流量的先进理念，并且很想在企业中推行下去。但结果是管理层学习以后，回到企业就将任务抛给了中层，而中层却又不明就里，执行起来非常困难。于是一件好事就变得虎头蛇尾。这其中不是私域流量的理念有问题，而是企业在施行过程中出了问题。一般来说，企业要想成功构建私域流量，就必须打通管理层、中层、基层的各个环节，大家具备共同的认识，上下一心，尤其要注意做好以下几点：

（1）管理层亲自带队，上行下效，充分调动中层的执行力。

（2）打造学习型的组织，让企业中层、基层都明白私域流量的巨大好处，愿意学习相关的先进理念。

（3）在运营过程中，要注重营销，注重给消费者更好的体验。

（4）企业愿意分摊利润，要明白少即是多的道理。

所以，构建私域流量的想法能否落地，关键还是看一家企业管理层的思想意识和行事作风，还有就是整个团队的活力、协同能力及执行力，只有把这些做好了，私域流量才能很好地构建，为企业服务。

私域流量需要回避的几个大坑

私域流量能够成为热点，在于它能很好地帮助企业、商家、个人解决当下的流量困境，让我们将业务的中心从以前的渠道真正变到了人（用户）的身上，于是大家争着要进入私域流量场，希望为自己带来利润的增长。

尽管私域流量的引流、运营、裂变的方法千差万别，但无论采用什么方法，有一些坑却是我们必须避免的。

1. 心急吃不了热豆腐

有的企业、商家、个人在构建私域流量时，过分关注“流量”，总想着去追求短期的效果，如果过一段时间达不到预期的效果，他们就失去了耐心，从而放弃了建构。

而实际上，没有一个私域流量不是长期运营的过程，关注的是客户成长价值的结果，这里最短的也要半年以上才能看到明显的效果。俗话说“心急吃不了热豆腐”，做私域流量不要一上来就想着“榨干用户”，我们只有做好“养鱼”的功夫，才能让池子里的鱼给我们带来更多的鱼，让私域流量池的容量膨胀起来，为我们带来更多的价值。

韩都衣舍在从淘宝转战微信生态时，就坚定地将以前以“货”为中心转变成了以“人”为核心。刚开始时，它从来不看投资回报率（ROI），而是专心地做用户的积累，做运营，例如加好个人微信，做好人设，坚持给用户带去信任感，构建营销场景化，慢慢加深用户的信任感。这样在时间恰当以后再去做转化。

通常，这个精心“养鱼”的时间必须在6个月以上，根据产品特性的不同，有的企业还需要更长的时间。这个过程中企业、商家、个人必须要具备一定的运营能力，要努力把用户留下来，直到6个月以后再去说转化的事。

2. 眉毛胡子一把抓

有很多企业在引流之后，不分老用户、新用户，不论什么产品，都一律采用打折促销的方式。这就是犯了“眉毛胡子一把抓”的毛病，要知道构建私域流量也是需要“对症下药”的。

网络上有一种“用户访问深度”的说法，说的是用户访问网站时浏览页面的多少，浏览的页面越多，则访问越具有深度。通常，企业网页或自媒体的用户访问深度只有7左右，能把用户访问深度做到10以上的企业，通常都是很了不起的。

知名女装品牌AMII在构建私域流量时，就经常将用户访问深度做到10～20。这其实主要是他们差异化运营的功劳。他们在“双十一”这样的大型活动中就只关心老用户，因为他们知道老用户会反流，这样的话复购率就很高。而对于新用户，他们则会在每月13日的会员日这天特别关注他们，再搭配一些分销的玩法布局，很受欢迎。就这样，他们一对一的差异化运营，效果非常好。

3. 做了私域流量忘了公域流量

很多企业建构私域流量时，完全甩开公域流量来一条腿走路，这是不可取的。因为私域流量的产生大多离不开公域流量途径的支撑，而且私域流量去中心化的思维也不是完全要摒弃掉平台的中心化流量。我们要想把自己的产品和服务输送到有消费者存在的每一个角落，就需要学会两条腿走路，甚至是多条腿走路。

如何避免微信被封号

前面我们说了，微信个人号是最好的私域流量池。但是，无论我们怎么在微信上构建私域流量，其实都是在腾讯的地盘上做事，我们不拥有微信个人号的全部支配权，如果触犯了微信的规则，我们的个人号就有被查封的危险，而一旦被封号，我们辛辛苦苦引流、运营、转化的成果都可能毁于一旦。

实际上，微信对用户的管理正呈越来越严格的趋势。在过去，有相当一部分微信号都曾因为发硬广、发鸡汤、恶意刷屏等，被腾讯视为不利于社交生态发展，给用户带来了不美好的体验，而对其采取了限制措施。

腾讯对微信违规内容的处罚包括：一经发现不合规的内容立即删除，并屏蔽微信朋友圈；对发布违规内容的账号，视情节轻重对其进行警告、限制或禁止使用部分或全部功能、账号封停及永久封停等；对违规的微信群，同样视情节轻重对其进行限制使用部分功能、封群等处理；如发布违规链接的，则进行封禁，同时公告处理结果。这是目前所了解到的微信处罚情况，后面随着微信处罚力度的加大，可以想象，在以后的发展中，微信运营的难度和障碍只会越来越大。

因此，避免微信被封号就成了一个摆在所有利用微信生态构建私域流量池的企业、商家或个人面前的问题。

为了保证微信账号的安全，我们最好是一部手机使用一个微信号，不要在一个手机上使用多个微信号来回切换。每一个微信也对应一个从电信运营商那里正常购买的手机号，不要使用一些无卡手机号，例如物联网卡等。要尽可能地对每个微信账号进行实名认证，绑定银行卡，可以花几十元购买微信支付里的理财通产品，这样可以降低微信账号被封号的危险。

微信个人号需要充分和好友沟通，需要占去大量时间，有的运营者嫌麻烦，就购买一些群控软件、微信外挂、爆粉工具来操作，这些外挂确实能让我们省事不少，但却增加了微信账号被封的风险，我们最好还是采用真人运营的方式。

2019年7月4日，微信官方的“微信派”公众号发布消息，辟谣网上流传的“微信半小时内封禁3000万个微信个人号”的说法，但同时也声明“对明确使用外挂功能的账号，我们将根据违规程度按照阶梯性处罚原则，包括但不限于限制朋友圈、加好友、打招呼等功能，限制登录等形式，对多次违规的账号，还将加重处罚。重拳打击外挂，我们是认真的”。

其实，如果是精准的用户，几千、几万个好友已经足够了。假设一个微信加满5000人，10个微信就是5万人，这对于一个百人左右的企业而言已经足够，设立2个专职人员来运营就可以了。因此完全没有必要去使用第三方外挂，这样做不仅效果不好，还容易被查封。另外，本来我们构建私域流量，倡导的也是真人运营，我们和好友的沟通也是要建立在真事、真沟通的基础上的。这种倾注了情感的经营行为，绝不是那些冷冰冰的外挂软件所能替代得了的。

再者，我们不要过于频繁主动地添加微信好友，不要频繁地群发消息骚扰用户，24小时内发红包的次数不要超过200次，不要使用微信号为淘宝、天猫店铺刷单，反复提及微信和阿里巴巴，这些都有可能增加微信号被限制的风险。还有，根据国家规定，炒股群、荐股群、利用微信做资金盘的群也是微信重点打击的对象，一定要注意。

当然，更不能利用微信从事违法犯罪活动了，例如，售卖野生动物制品、非法保健品、假冒伪劣商品、贩卖公民个人隐私等。如有这些行为，一旦查实，封号都是轻的，严重者甚至需要承担法律责任。

第十一章

私域流量经典案例分享

私域流量在互联网下半场的红利，是未来的趋势。在构建私域流量这条路上有很多先行者，他们的经验非常值得我们借鉴。通过他们的经历，我们可以挖掘适合我们的方法，从而让我们取长补短，少走弯路，尽早有所“收割”。

借力微信生态

“拼多多，5 亿人都在用的 APP。”相信拼多多的这句广告词，很多人都不会陌生吧。

拼多多，作为现在社交电商世界里无可争议的巨头，它的历史其实也并不长。拼多多成立于 2015 年，至今也不过五六年时间，但它的市值却已经达到了 350 亿美元。

拼多多的“凶猛”并非空穴来风，这就好比自然界要形成一条大河，必然有形成的条件，例如山体运动、无数支流的汇聚等。拼多多也像是一条大河，在它独特的商业模式中，有几条支流拼命地往拼多多的河床里灌水，于是，拼多多的崛起才成了商业界的一个现象级事件。

在这些支流中，微信的支撑可谓是最重要的一环。人们对于拼多多的了解估计大都来自微信。在 2017 年下半年和 2018 年，我们几乎随时都能看到朋友圈或微信群中有人发布在拼多多上拼团、砍价的链接。

在其他电商平台，用户购买商品基本上就是个人行为，存入购物车—结算—支付—收货。但在拼多多上不一样，它充分利用微信发展的趋势，鼓励用户以拼团的方式来获取更低价的商品。因此，用户在拼多多上几乎不会单独购买，而选择拼团。试想想，本来一件衣服就比其他电商平台便宜（拼多多早期的商品主要来自中小商家），再通过拼团又便宜了几块，何乐而不为呢？

拼多多的设置也是从用户下单到支付，再到离开页面，其实每个环节都在暗示用户要“分享”。用户在拼多多上发起拼团会成为拼主，然后邀请或熟悉或陌生的人帮其砍价。这样，拼多多的APP被推荐给了更多的人，它通过社交元素获取的用户量就会迅速增长，当然，用户也得到了实惠，简直是一个双赢的策略。因此，拼多多在其发展初期，几乎不用打广告就能获取大量的用户。

这几乎就是一种社交裂变。其基本特点可以概括为通过各种活动，诱导用户分享，并在用户的社交链条中不断传播，从而达到累积用户量的目的。

依靠微信背后的支持，拼多多也获得了比同行低得多的获客成本。据统计，在2018年第一季度，阿里的获客成本是206元，京东是374元，而拼多多只有54.91元。拼多多能够持续健康发展而且还不被资本绑架，微信可谓功不可没。

拼多多证明了社交能对电商尤其是熟人营销起到巨大的推动作用。一件商品因为拼团模式的存在，就被拼多多做成了巨大的分享链条。例如用户帮砍价，只有砍完才会成功。对商品的不舍会让用户想方设法地邀请各路好友助力，拼多多便通过用户的分享免费收割了一笔流量。

而且，拼多多主推的是三、四线城市的消费者。这部分人之前甚少网购，也属于最容易被其他电商平台忽视的人群。如果说淘宝是在以前的流量池里获取流量，那拼多多就是在获取新的流量。很多三、四线城市的人一上网用的就是拼多多，他们是“价格敏感型用户”，拼多多网站上 1 元的纸巾、50 元的羽绒服足够吸引低消费人群的眼球了。于是，可以说，这部分人群的体验是拼多多建立起来的，是被拼多多砍价、拼团的社交裂变吸引上去的。

随着拼多多的发展，其用户群现在已经不仅限于三、四、五线城市和农村人群了，一、二线城市的用户也扩大了很多。其深层原因在于，一、二线城市的用户也不全是对价格不敏感的人，就是同一个人，也有对某些商品价格不敏感、对某些商品价格敏感的时候。例如，一个大学生，他可能在购买数码产品时非常奢侈，而在购买快消品时却喜欢比价格。因此，拼多多在一、二线城市其实也不乏用户群。

那拼多多怎么盈利呢？这一点主要体现于它的在线市场服务中，例如 APP 中的广告收入，商家销售商品的佣金收入、场景推广的收入、搜索推广的收入等。虽然目前拼多多还没有实现盈利，但这个未来相信并不遥远。

综合来看，拼购是拼多多在微信生态里的创新应用，也是它能壮大的主因。我们做微信运营的，也要认识到拼购的力量，去争抢 10 亿微信用户的购买力。这里，我们不要去和那些实力强劲的电商硬拼，重点是做出自己的特色。对于中小微企业，最好的方式是设计成 3 人拼团的模式，要求一名老用户成功推荐两名新用户就能获得相应福利，这样企业、商家就不但卖了货，又获得了新用户。

完美日记借势私域流量

2019 年，就在很多企业感叹生意越来越不好做的时候，诞生仅 3 年的美妆企业“完美日记”却迅速崛起，成了“00 后”最喜爱的国货品牌第 2 名，仅次于华为，最新估值达到 10 亿美元。

完美日记从线上起家，马不停蹄地争取流量，构建私域流量池。小红书、快手、抖音、B 站、线下门店都是它攻取私域流量池的战地。其私域运营几乎已经成了美妆业的标杆性存在。

曾有业内人士将完美日记的生长历程总结为：寻鱼、诱鱼、圈鱼、钓鱼、养鱼这几个步骤，而且每一步都是步步攻心，步步为营。

对于私域流量池引流增长，完美日记主要有两种方式：

一种是线上引流。用户在完美日记的线上店铺种草下单产品以后，完美日记就会赠送用户一张“红包卡”，引导用户关注完美日记的公众号领取，再顺势引导用户添加完美日记的个人号“小完子”（完美日记的所有个人号，都以“小完子”的人设统一对外），接着小完子会进一步邀请用户进群或扫码关注它的小程序。

另一种是门店引流。2019 年 1 月，完美日记在广州开了第一家线下门店，此后开门店的速度异常之快，最高峰时曾一天开出 4 家门店。对于门店的顾客，完美日记用发放福利的方式，引导他们添加微信个人号“小完子”。

“小完子”并不是普通的微信个人号，用户添加微信后，会发现“小完子”竟然是一个真人形象。通过一张女生的照片显示，她不仅有高颜值，而且是一个美妆达人，差不多每天都会发布两三条信息，除了分享美妆好物以外，还经常打卡网红旅游点，和大家聊美食美景，就好像一个陪伴在用户身边的有温度、有情感的好朋友。

其实，这些“小完子”几乎都是完美日记的员工、柜姐，她们拥有美妆行业的专业知识，能够为客户量身挑选适合她们的美妆产品。因此，她们能制造高势能，通过高度活跃的文字、彩妆测评图片和专业教程在用户心目中建立起“私人美妆顾问”的人设，让用户感觉到她是一个鲜活的人，在美妆领域的专业是值得信任的。

值得一提的是，小完子在朋友圈发广告时是非常克制的，她们并不是冷冰冰地群发一个推荐链接，而是在和用户沟通中，察觉到用户感兴趣或有购买意愿时，再将链接发给用户。

小完子在拉客户入群以后，群里几乎每天都会策划各种各样的活动，例如促销、抽奖、直播等。不仅如此，群里还不断有小完子分享的干货妆容信息，还有新品发布，这些内容对于“00后”来说几乎是刚需，因为时刻都在吸引着用户的注意力，所以在完美日记的微信群里，很少见到有退群的情况发生。

无论是微信个人号、微信群还是小程序，完美日记对于私域流量池都是在精心地运营。每天晚上，她会给用户一个道晚安的文案，每个周年纪念日都会给用户发感谢信，这些都无不让用户感受到了心暖和被尊重。

完美日记就这样通过朋友圈、社群、小程序等形式反复触达用户，用直播、大促、抽奖等各种方式实现转化或复购。

这种通过 KOL+ 社群 + 媒介（朋友圈）的影响力是十分强大的，

很多人就这样被“种草”走了一波，并且成为完美日记的忠实粉，反复复购和免费为其拉新了。

在微信里做大的植观

植观诞生于2015年，由几个从宝洁出来的年轻人创立，主营氨基酸护发、洗发产品，目标是打造新媒体营销和新渠道下的个肤细分领域的“宝洁”。

植观以“氨基酸”的概念切入洗护市场，因为考虑到淘宝在经过多年的沉淀后，新品牌入驻后已经难以获得流量的关注，成功的概率已经大大下降，而微信反而有更多的机会做成一个新品牌。于是，植观选择从微信起步。

植观最开始通过自媒体获取粉丝，在产品初期阶段建立起种子用户群，让第一批375个“植粉”直接参与到产品的研发、改良、试用等环节中。为此，植观先后建立了几十个用户群，搜集用户的产品改进意见，并真正运用到产品研发中。一些看到自己意见被采纳的“植粉”都很高兴，不断将植观安利给自己身边的朋友。

植观的这个打法有点类似于当初小米的研发，小米也是靠一帮“米粉”的群体智慧打造出自己的第一批产品的。

和传统的投放不同，植观喜欢给意见领袖“种草”。有新品推出时，他们会提前两个月给意见领袖邮寄产品，并且公司安排专人和意见领袖对接，当这些意见领袖试用后觉得满意了才会商谈进一步的合作。结果，有 99% 的意见领袖都对植观的产品表示出欲罢不能的态势，而且十分愿意推荐给自己的粉丝。

有了一定的客户群体时，植观也开通了自己的淘宝商城，把微信流量通过群的方式引导到淘宝商城里去。因此，植观的淘宝商城一上架就有着不错的流水和销售，这样也更容易让植观在淘宝商城中获得相应的资源，同时还可以反过来将一部分淘宝商城的流量引入微信，通过运营培养忠实的新“植粉”。在一些电商节中，植观通常都会邀请一些意见领袖帮忙推广，这也成为植观主要的流量来源渠道之一。

在私域流量的运营中，植观非常注重公众号文章的策划，内容从优惠信息、福利活动和情感慰问等环环相扣。迄今为止，他们的文章平均阅读量都在 1 万左右。

2019 年，植观又利用小程序做了瓜分券活动，例如以 5 个人瓜分 500 元，3 个人瓜分 120 元的形式向“植粉”发送一些福利券。这些券可以直接在植观的商城里消费，消费时可以打五折，凭这种方式，他们也迅速拓展了一批新粉丝。

植观还非常懂得利用品牌联合、与网红合作来吸引流量。作为国产品牌，植观一向坚持为国货正名的理念，他们联合轻生活等 5 家国货品牌，组成新国货联盟，各品牌间相互推荐、相互引流，获得了大量粉丝的加持、加购。

2019 年 10 月，植观邀请网红美少女 Lisa 酱推荐产品，结果 Lisa 酱的这条微博迅速登上热搜，直接为植观带来了 9000 多的流量。

为了做好用户体验，植观也是煞费苦心，他们对用户做了精准的大数据分析，将不同的产品预热信息、福利信息、产品购买关怀信息通过微信个人号、公众号、社群等形式推送到每个不同的用户手中，让用户真实地感受到植观的温暖。

综合起来看，植观在微信公众号刚刚兴起时就踏入其中，收割了微信公众号的第一波红利，之后社群营销兴起，他们又极力以消费者为中心进行社群营销，不仅为产品赢得了口碑，也带来了不错的销售业绩。在社交媒体的利用上，他们创新性地将流量从社交平台引至电商渠道，省去了中间经销商的分销环节，不仅降低了成本，也让消费者实实在在地获得了实惠。

东青餐饮的庞大微信好友群

对餐饮行业而言，私域流量是吸引客源、增加收入的一个绝佳入口。这方面，东青餐饮就是比较有代表性的一家。

东青餐饮是中国餐饮界的一家明星企业，近些年发展势头迅猛，2018 年甚至创造了 56 亿元的营收。

东青餐饮的门店服务很有特色，以东青莜面村为例，进店后点菜时，服务员会告诉你，就算你闭着眼睛点，也能保证你点的每一道菜都好吃。点完菜以后，服务员会拿来一个沙漏，告诉你保证你的菜会在 25 分钟内上齐。东青的后厨以玻璃窗包裹，客人可以透过玻璃窗看见厨师制菜的全过程。

以前，东青餐饮通过赞助活动，成本花去了不少，也发放了很多券，但实际效果却不好，客人进店进行卡券核销，还影响了门店的正常运营。于是，东青餐饮开始逐步放弃投入广告，转攻私域流量。

当时，东青餐饮一年的客流量约有5000万人次，东青的目标是将这5000万人都连接起来。为此，东青餐饮由董事长陈青龙带头，派出了所有的高管来做这件事情，在企业内部形成了坚定的构建私域流量的氛围。

东青有300多家门店，每名店长的微信个人号都被利用起来，成为东青连接并创造“快乐生活”的新工具。当时，为了鼓励客人加店长微信，东青推出的活动是原价10元一串的羊肉串，加上微信后，可以只花1元钱买到，每人限购一串。

因为有实惠，很多客人都加了店长微信。之后，很多客人也觉得这样方便多了，例如有的客人着急要离开，就可以在离开后将餐费微信转账给店长，有的客人觉得哪些菜还需要改进，就将建议发给店长，有的客人觉得菜好吃，还会发来照片，并说上几句夸赞的话。店长们如果应付不过来，代运营的后台系统则会处理一些聊天事宜，并及时提醒店长，前后协同。

为了发布用户感兴趣的内容，东青的店长们一丝不苟，专门挑选客户发来的精华文章或照片发布，或是捕捉店里的各种“喜悦表情”，以应对东青“快乐生活”的主张，员工们也会自觉地将自己的自拍、合影发给店长。这些内容发布以后，东青与客人的情感连接更加紧密了。

东青的活动策划也很有创意。例如2018年12月14日“情人节”的日子，东青专门策划了一个“东青亲嘴节”，在这里，东青在微信上以“亲个嘴，打个折”的主题，动员了成千上万的好友分享自己与爱人接吻的照片，并鼓励大家大胆说出“I LOVE YOU”，吸引了很多的客人参与，形成了东青“快乐生活”的高潮。

这次活动轰动全国，当天，东青全部门店的客流量就达到了 16 万人次，微博阅读 4800 万，百度指数上涨 1180%。

尝到甜头以后，东青便积极布局全员营销。现在东青有 2 万多名员工，每人一个微信号，就相当于企业可以利用 2 万多个微信号，每个微信号可以加 5000 人，这样东青连接 5000 万客人是完全可以承载的。

这样，他们可以把到店消费的客人都沉淀在不同的微信个人号中，然后和好友互动，用内容吸引用户再次到店消费。再深入一步，还可以通过和客人的沟通，了解客人的真实需求，反过来由门店做菜品、服务的创新。

迅速裂变的幸福西饼

幸福西饼 2008 年创立于深圳，主营蛋糕、下午茶等烘焙食品，是一家连锁 O2O 电商品牌。在竞争激烈的蛋糕市场中，幸福西饼冲出围城，年营收竟然达到了惊人的 100 亿元，而且用户的复购率竟然可以高过 60%。

这样的业绩是如何取得的？这就不能不提到它的私域流量逻辑。

幸福西饼非常注意搭建场景化的社群来解决用户的信任感，有了信任感，再结合一些营销活动，以此吸引用户购买。

在线下，幸福西饼拥有众多门店，其在线下门店中通过发放奖品或福利将用户导入线上社群。另外，它也通过一些租房企业社群，在里面做一些推广和宣传，吸引一部分人加入自己的社群。

用户进群以后，幸福西饼又推出了一系列活动。例如进群的用户可以再拉新人进群，如果有用户拉满 10 人，就可以获得幸福西饼提供的奖励；一个群如果达到了幸福西饼设定的人数等级，幸福西饼也会通过抽奖的方式给群成员发放奖励。

这两种方式同时使用，使幸福西饼的用户群迅速裂变壮大。因为有不少门店，幸福西饼的社群名称都以地名命名。这使得进群的成员基本上都是该门店附近的居民，包括这些裂变而来的新用户也是如此。

而群成员在获得幸福西饼发放的奖励以后，都需要去线下门店领取。这样一来，当用户到门店领取奖励时，通常都会附带额外的消费，幸福西饼也获得了更多的销售收入。再者，幸福西饼在社群中会不定时地推出一些新品信息，这对于群成员的诱惑是很大的，也吸引了很多人到门店消费。甚至，有群成员生日时，它也会对群成员提供会员折扣。社群的人越多，享受折扣的人就越多，同样地，到店的客人也会越多，这于用户于幸福西饼，都是一个双赢的机会。

同时，幸福西饼给所有门店都登记了位置信息，让本地客户可以通过微信中“附近的小程序”直接使用。

就这样，幸福西饼通过社群营销，完美地实现了线上和线下的融合，制造了一个用户体验 + 购买的生态闭环的场景。

幸福西饼的营销方法其实可以为很多商家提供经验。首先商家线上的基础体系要搭建完全，要形成营销循环以赢得用户的信任；其次商家要通过好的商品、好的服务来让用户产生品牌感。然后就是和线下的融合，商家可以通过线下二维码引流，利用各种优惠券打造用户黏性，线上的活动又要想办法引导用户到线下进行消费，有门店的可以引导到门店，没有门店的也可以和线下商家进行合作，这样就能将线上线下很好地结合起来，实现用户体验 + 购买的生态闭环。